Angie Pfeiffer

Insel über dem Wind

AF139240

Dieses Buch ist meinem Liebsten gewidmet, denn ohne ihn wären all die Reisen weniger spannend, chaotisch, merkwürdig, stressig, wunderbar, bezaubernd und schön gewesen.

Angie Pfeiffer

Insel
über dem Wind

Geschichten rund ums Verreisen

Deutsche Erstausgabe☐ Oktober 2015
© by Angie Pfeiffer☐
Covergestaltung phoch3
Das Buch ist bereits auszugsweise als E-Book
unter dem Titel „Was wollen sie denn in Dänemark" veröffentlicht worden.

Herstellung und Verlag:
BoD – Books on Demand, Norderstedt
ISBN 978-3-7386-5972-6

Überraschung auf Thai
- *wo die Liebe hinfällt*

Willkommen in China
– *die spinnen, die Chinesen*

Schussfahrt
- *Bretter die die Welt bedeuten*

Kaffeefahrt auf Türkisch
- *von Barrakudas und Messerwerfern*

Von Ziegen und Jungfrauen
- *wo die Götter lächeln*

Cabo Verde
- *Inseln unter und über dem Wind*

Weeppoorwill
- *Kanada, die große Freiheit*

From Nashville to Leitchfield
- *die spinnen, die Amis*

Was wollen sie denn in Dänemark
von Gammeldansk und Aquavit

Whisky Cola
- *1975, welch ein Jahr*

 I love Paris
- *von Malern und Granaten*

Surprise, Surprise
- *Rinderwahn in Manchester*

Ostern im Eierland
- *Texel oder Nordpol ?*

Regenträume
- *eine ganz besondere Geschichte*

Überraschung auf Thai

Ich verdrehte die Augen und sah meinen Mann verzweifelt an. Leider dachte er gar nicht daran, mich aus der misslichen Situation zu befreien. Im Gegenteil gab er vor weiter in seiner Zeitung zu lesen, wobei er mir ab und zu einen belustigten Blick zuwarf.

„… und ich bin so gespannt auf meine Begleitung. Ich hoffe sie ist noch schöner, als auf den Fotos, nach denen ich sie mir ausgesucht habe. Die thailändischen Frauen sind unübertroffen grazil …" So und ähnlich ging es schon seit geraumer Zeit. Mein niederländischer Sitznachbar hatte sich bereits bevor das ‚Boarding Completed' ertönte vorgestellt. „Hallo, ich bin der Joost de Groot aus Doetinchem." Wie sich herausstellte, hatten wir dasselbe Hotel gebucht, was Joost begeistert näher rücken ließ. Er habe sich schon lange auf den Urlaub in Thailand gefreut und sich eine Begleitung aus dem Katalog einer besonders seriösen Agentur ausgesucht, erzählte er. Die Dame würde ihm Land und Leute näher bringen – und vielleicht … Hier legte er eine bedeutungsschwangere Pause ein, was mich hoffen ließ, dass er dieses Thema nicht weiter erläutern würde. Genau das war der Augenblick, in dem Alan, meine bessere Hälfte, seine Zeitung hervorkramte und sich dahinter verschanzte. Leider ließ sich Joost nicht bremsen. „Ich liebe die weibliche Gesellschaft. Frauen sind ja so sensibel."

‚Ach, und es gibt keine sensiblen Frauen in den Niederlanden?' ‚dachte ich, sprach es aber lieber nicht aus. Nun schwärmte der niederländische Joost seit geraumer Zeit von den thailändischen Frauen insgesamt und seiner ausgesuchten Begleitung im Besonderen. Er ging mir damit gehörig auf die Nerven. Ich beschloss mich schlafend zu stellen.

„Coole Taktik, aber ich weiß genau, dass du nicht schläfst", flüsterte Alan dicht an meinem Ohr. „Pst", ich linste vorsichtig durch die Wimpern. „Nachher bemerkt der notgeile Holländer das auch."

Der Zwischenstopp in Bangkok verlief unspektakulär, Joost schien sich ausgesprochen zu haben und wurde ruhiger. Das änderte sich blitzartig, als der Flieger zur Landung in Phuket ansetzte. Der holländische Casanova wurde nervös, fummelte an seinem Sicherheitsgurt herum, veränderte ständig seine Sitzposition. Während ich entnervt die Augen verdrehte, beobachtete Alan unseren aufgeregten Sitznachbarn mit milder Ironie.

„Donnerwetter", entfuhr es meinem eher gelassenen Ehemann wenig später, denn Joost wurde von einer glutäugigen und vollbusigen thailändischen Schönheit erwartet. Nach der leidenschaftlichen Begrüßung hängte diese sich bei dem Niederländer ein. Das Pärchen steuerte den Taxistand an. „Sag jetzt lieber nichts und klapp den Mund zu", warnte ich meine bessere Hälfte vorsichtshalber.

Spät am Abend sah man Joost aus Doetinchem mit seiner bildschönen Thailänderin in inniger Umarmung über die Tanzfläche schweben. Alan musterte das Pärchen kritisch. „Wenn das für unseren Freund nicht zu einem bösen Erwachen führt. Hast du bemerkt, wie groß die Füße seiner Angebeteten sind?"

„Das habe auch gerade gedacht. Das ist mindestens die Größe 42 und sie ist für eine Thailänderin recht groß."

„Eben, wer weiß, was die Dame sonst noch zu bieten hat …"

In den nächsten Tagen ließ sich Joost nicht blicken. „Sicher ist er mit seiner Zauberfee beschäftigt", bemerkte Alan trocken, während ich neugierig Ausschau nach dem jungen Glück hielt. Es dauerte ein paar Tage, bis uns Joost, jetzt ohne Begleitung, über den Weg lief. „Du hast dich aber rar gemacht, sicher bist du schwer beschäftigt, was?", eröffnete Alan das Gespräch.

„Ja was meinst du, was ich renne! Ich bin den ganzen Tag auf der Flucht!"

„Wie meinst du das denn? Hast du ein Eheversprechen gegeben und es nicht eingehalten?"

Joost schaute sich unsicher um. „Lasst uns bitte in die Hotelbar gehen. Ich gebe einen aus." Als wir mit Getränken versorgt waren, erzählte Joost seine Leidensgeschichte: Wie wir gesehen hatten, war er am Ankunftstag von der attraktiven Lulu überschwänglich begrüßt worden. Die thailändische Schönheit gab sich mehr als zuvorkommend, schließlich landete das Pärchen im Hotelzimmer. „Weißt du, ich war so aufgeregt und aufgeladen. Sie zeigte sich sehr zärtlich und einladend, da habe ich nicht lange gefackelt. Sie wollte es von hinten besorgt haben. So eine Nacht habe ich noch nie erlebt! Aber der nächste Morgen …", Joost schluckte trocken und nahm einen tiefen Zug aus seinem Whiskyglas. „Der nächste Morgen?", half Alan ihm auf die Sprünge. Wieder schluckte Joost und schüttelte den Kopf. „Tja, also, ich wachte neben ihr auf. Das war toll, sie kuschelte sich dicht an mich. Irgendwas hat gestört. Ich war ja im Halbschlaf und packe ihr instinktiv zwischen die Beine und da hatte ich das was gestört hat in der Hand." Kopfschüttelnd kippte Joost den restlichen Drink hinunter. „Das war ein Kerl, ein Kerl mit Brüsten! Soll man so was glauben! Ich habe ihn sofort rausgeschmissen, aber jetzt lauert er mir an jeder Ecke auf und schmachtet mich an. Es sieht fast so aus, als ob Lulu sich in mich verliebt hätte." Ich versuchte einen Lachkrampf zu unterdrücken und bekam prompt einen Hustenanfall, während meine bessere Hälfte über das ganze Gesicht grinste. „Dacht ich's mir doch. Die Füße waren einfach zu groß." Joost schaute entrüstet von einem zum anderen. „Warum sagt mir das denn keiner vorher? Ist das die Nachbarschaftshilfe zwischen Deutschland und Holland?"

„Hättest du denn auf uns gehört?", keuchte

ich, krampfhaft nach Luft ringend. „Du warst so auf die thailändische Schönheit fixiert, dass du nicht klar denken konntest, doch offensichtlich bist du jetzt auf dem Boden der Tatsachen angekommen."

„Das will ich wohl meinen, noch eine solche Erfahrung verkrafte ich nicht", sagte Joost entschlossen und orderte einen neuen Whisky.

Beim Einchecken für den Rückflug hielt ich eifrig Ausschau nach dem niederländischen Bekannten, denn er hatte sich während des Urlaubs weiterhin rar gemacht. Schließlich entdeckte ich ihn und stieß Alan überrascht an. „Schau bloß mal, Schatz. Dort ist Joost. Ich glaube es nicht, seine männliche Begleiterin hängt an seinem Hals."

Wirklich verabschiedete sich Lulu leidenschaftlich von ihrem holländischen Liebhaber, der die Hände nicht von ihr/ihm lassen konnte. Während des Zwischenstopps in Bangkok bekamen wir die Gelegenheit uns mit Joost zu unterhalten. „Ja, ich weiß was ihr sagen wollt", wehrte der jeden Kommentar ab. „Aber Lulu ist so süß, sexy, anschmiegsam und gar kein richtiger Mann. Nachdem ich mich von dem ersten Schock erholt hatte, sind wir uns nahe gekommen. Sie hat mich von ihren Qualitäten überzeugt. Ich werde sie in die Niederlande nachkommen lassen." Und verschämt gestand er: „Ich glaube wirklich, dass ich mich in sie verliebt habe." Verblüfft schauten wir uns an. „Ja dann kann ich dir und deiner Lulu nur viel Glück wünschen", meinte Alan schließlich.

Später, als wir aus dem Kopfschütteln heraus waren, grinste meine bessere Hälfte spitzbübisch. „Da sag noch einer, wir Männer wären nicht romantisch."

Willkommen in China
...und wundere dich über nichts

Das Flugzeug rollte in Richtung der Startbahn. Ich lehnte mich in meinem Sitz zurück, denn zum ersten Mal konnte ich mich heute einigermaßen entspannen.

Dabei hatte alles gut geklappt. Der Wecker klingelte zum richtigen Zeitpunkt. Ich war freudestrahlend und trällernd aus dem Bett gehüpft, was mir einen strafenden Blick von Alan, meinem Mann, einbrachte. Er hatte am Vortag mit ein paar Kumpeln den Vatertag gefeiert und schien heute Morgen unter leichten Kopfschmerzen zu leiden. „Wie kannst du am frühen Morgen schon so gut gelaunt sein", murmelte er mit leidendem Gesichtsausdruck. Ich strahlte ihn an. „Ich freue mich, dich auf eine deiner Chinareise zu begleiten. Übrigens bist du an deinem Brummschädel selbst schuld. Also stell dich bloß nicht so an." Alan schlurfte brummelnd in Richtung Badzimmer und schloss vernehmlich die Tür hinter sich.

Beim Frühstück zeigte sich mein kopfschmerzgeplagter Mann bereits wesentlich besser gelaunt. „Wie du weißt, fliegen wir von Münster aus nach Paris und weiter nach Shanghai. Von dort aus werden wir einen Abstecher nach Hebi machen. Das liegt in der Provinz Henan. Anschließend geht es zurück nach Shanghai und dann nach Peking. Ich hoffe es klappt alles so, wie ich es geplant habe, denn einige meiner Termine stehen noch nicht hundertprozentig fest."

„Und du sagst, dass jetzt das Wetter dort angenehm ist?", fragte ich noch einmal nach.

„Ja, klar, Shanghai liegt auf demselben Breitengrad wie Kairo oder wie New Orleans, bloß dass das Klima dort eher subtropisch ist. Jetzt im Mai ist es bei 25 Grad recht erträglich. Die Sommer sind sehr schwül und heiß, während es im Winter feucht ist und ziemlich kalt, zumal es nicht überall Heizungen gibt. Peking liegt auf der Höhe von Rom, aber dort bin ich noch nicht zu allen Jahreszeiten gewesen. Ich weiß allerdings, dass die Stadt gerade im Sommer unter einer dichten Smog-Glocke liegt." Ich kam nicht mehr zu einer Antwort, denn unser Sohn kündigte sich, wie gewohnt, durch lang anhaltendes Türklingeln an. Er hatte sich bereiterklärt, uns nach Münster zu chauffieren.

Nun saßen wir im Flieger in Richtung Shanghai und ich schaute interessiert durch das Bullauge beim Einladen des Gepäcks zu. Doch was war das? Mein Koffer wurde abgeladen, gescannt und wieder auf den kleinen Laster gehievt, der das Gepäck gebracht hatte. Fassungslos stupste ich meine bessere Hälfte an: „Schatz, schau doch mal, die laden meinen Koffer wieder auf den Anhänger!" Inzwischen hatte sich der Kleinlaster in Bewegung gesetzt, mit meinem Koffer auf der Ladefläche. Fassungslos und mit offenem Mund wies ich auf das sich entfernende Fahrzeug. Alarmiert schaute Alan aus dem Fenster, sprang auf und stürmte in den vorderen Teil der Maschine. Wenig später erschien er mit einem gelangweilten Steward, der nach einer längeren Debatte zu verstehen schien, dass sich mein Gepäck auf dem Weg nach irgendwo befand. Er griff sich die Gepäckabschnitte und spurtete in Richtung Ausgang, um einige Zeit später atemlos wieder zu erscheinen. Er hatte den Koffer gerettet. Alan lehnte sich zufrieden zurück. „Das wäre geregelt." Ich schaute ihn zweifelnd an. „Ja, mein Koffer ist im Flieger, aber deinen Koffer habe ich gar nicht gesehen, ich fürchte der ist auf dem Weg nach Timbuktu."

Der Duft von frisch gebrühtem Kaffee weckte mich auf, ich blinzelte vorsichtig. Alan lächelte mich an. „Augen auf, du Schlafmütze, gleich gibt es Frühstück, dann landen wir. Du hast tatsächlich den ganzen Flug verschlafen."

Ein freundlicher Steward servierte uns Kaffee,

fragte nach unseren Wünschen. So verging die Zeit bis zur Landung schnell.

Jeder machte sich bereit, um das Flugzeug zu verlassen, doch bevor das allgemeine Ausstiegschaos entstehen konnte, knisterten die Lautsprecher: „Meine Damen und Herren, wir bitten sie auf ihren Plätzen sitzen zu bleiben, sie werden in Kürze gesundheitlich untersucht. Wir bitten dringend um ihre Kooperation", lautete die Durchsage. Sofort band sich ein arabisch aussehender Mitreisender seine Schlafmaske wie einen Mundschutz um Mund und Nase. Er hatte wohl etwas gründlich falsch verstanden. Alarmiert schaute ich Alan an, doch der zuckte mit den Schultern. „Du bist jetzt in China, also wundere dich über gar nichts." Einige weiß bekleidete Männlein betraten das Flugzeug, die mit einer pistolenähnlichen Apparatur bewaffnet waren. Beim genauen Hinsehen stelle sich heraus, dass sie einen Schutzanzug inklusive der dazugehörigen Schutzbrille und eines Schutzes über Mund und Nase trugen. Drohend hielt einer von ihnen dem ihnen am nächsten sitzenden Passagier die Pistole vor die Stirn und befahlen im strengen Ton: „Close your eyes!" Der verschreckte ältere Herr wurde leichenblass, fügte sich aber ergeben in sein Schicksal. Seine Gedanken waren ihm am Gesicht abzulesen: Er hatte mit seinem Leben abgeschlossen. Das Flugzeug war von einer Todesschwadron gekapert worden, er würde das erste Opfer sein. Er schloss die Augen, nur um sie gleich wieder verblüfft aufzureißen. Aus der vermeintlichen Pistole war ein Lichtstrahl auf seine Stirn geschossen worden, um seine Körpertemperatur zu scannen. Das nun gar nicht mehr so gefährlich aussehende Männchen in Weiß grinste, so weit man das unter der Vermummung erkennen konnte. „Ready, you are clean." Mit diesen Worten wandte er sich dem nächsten Opfer zu und knurrte drohend: „Close your eyes!" Alan grinste: „Die Chinesen haben eine unglaubliche Angst vor Krankheiten. Seit es die Vogel/Schweine/Viechergrippe gibt, geht hier die Post ab."

„Ja aber was passiert, wenn wirklich jemand Temperatur hat?"

„Dann, meine Liebe, werden wir die nächste Woche in dem Hangar verbringen, in den der komplette Flieger geschoben wird."

Die chinesischen Seuchenbeauftragten arbeiteten sich derweilen durch die Sitzreihen und maßen bei jedem Passagier die Temperatur, was einige Zeit in Anspruch nahm. Zu unserem Glück hatte niemand eine erhöhte Körpertemperatur, sodass die Prozedur ergebnislos beendet wurde. Mit einiger Verzögerung ging es anschließend in den Flughafen und zu den Gepäckbändern, wo wir erleichtert feststellten, dass unsere beiden Koffer sicher angekommen waren.

„So, dann wollen wir mal", meinte Alan und winkte routiniert nach einem Taxi. „Wie ich schon sagte; wundere dich über nichts und schau am besten gar nicht auf die Fahrbahn." Sobald das Taxi losgefahren war, wurde mir schlagartig klar, was er mit seinem rätselhaften Ratschlag gemeint hatte. Bislang hatte ich die Fahrkünste aller südländischen Bus - und Taxifahrer mit einem Lächeln überstanden, nun klammerte ich mich am Vordersitz fest, denn dieser Taxifahrer schlug seine ausländischen Kollegen um Längen. Er hielt sich an keinerlei Geschwindigkeitsbegrenzung, wechselte willkürlich und blitzartig die Fahrbahn, wobei er die Funktion des Blinkers scheinbar nicht kannte. Vielleicht besaß das Fahrzeug auch gar keinen Blinker, eine Hupe hatte es auf alle Fälle. Nach einigen Kilometern musste man vermuten, dass der Taxifahrer sein Auto nicht nach Motorstärke, sondern nach Lautstärke der Hupe ausgesucht hatte. Plötzlich fluchte er lautstark. Während er ein riskantes Ausweichmanöver ausführte, gelang es ihm tatsächlich noch, die geballte Faust drohend aus dem Fenster zu recken. Der Stein des Anstoßes war ein Radfahrer, der mit einem Kühlschrank, der er irgendwie an seinem Drahtesel befestigt hatte, auf unser Taxi zu radelte. Offensichtlich war er auf die falsche Fahrbahn geraten, hatte das aber nicht bemerkt. Ich hatte einen Augenblick vergessen zu atmen und schnappte jetzt nach Luft. „Keine Panik, wir sind fast am Hotel", grinste Alan mich an.

Am nächsten Morgen ging es mit dem Flieger weiter nach Hebi. Hier, in der Provinz Henan, sah alles wesentlich ärmer aus als im ‚reichen' Shanghai. Die Bauern standen mit Hacken bewaffnet auf ihren riesigen Feldern, lockerten den Boden und jäteten das Unkraut. Wir fuhren durch ärmliche Dörfer, in deren Gassen halbnackte Kinder spielten. Wie so oft auf der Welt ist auch in China ist der Unterschied zwischen Arm und Reich erschütternd.

Am Abend lernte ich die andere Seite der Medaille kennen, denn wir nahmen an einem typisch chinesischen Dinner teil. Dazu wurden wir in einen separaten Raum geführt, in dessen Mitte ein großer Tisch mit einer drehbaren Glasplatte stand. Nach und nach wurden die verschiedensten Speisen, die auf Platten angerichtet waren, auf den Tisch gestellt. Jeder nahm sich was er mochte. Ich bemühte mich redlich, mit den obligatorischen Stäbchen zurechtzukommen, was mir nach einiger Zeit ganz gut gelang. Während des Essens prosteten sich die Männer zu, leerten ihre Schnaps- und Biergläser mit einem Zug. Immer wieder rief einer der Chinesen „gan bei", wobei er den Gästen zuprostete. „Das heißt so viel wie ‚Glas trocken' und bedeutet auf Ex. Es ist nach dieser Aufforderung eine Beleidigung das Glas nicht bis auf den Grund zu leeren", klärte Alan mich auf.

„Du meine Güte, das entwickelt sich hier zu einem Trinkgelage. Gut, das bei den Damen eine Ausnahme gemacht wird. Ich wüsste nicht, wie ich das alles trinken sollte." Alan grinste verschwommen. „Ich fürchte, my Dear, du wirst mir nachher ins Bett helfen müssen." Ein theatralischer Seufzer folgte. „Was macht man nicht alles für die Firma."

Zugegeben; ich esse gerne gut, aber irgendwann ging nichts mehr. „Wenn ich jetzt noch irgendetwas essen soll, dann platze ich", wisperte ich Alan zu, doch zum Glück hob der Gastgeber die Tafel auf. ‚Wunderbar, jetzt eine schöne heiße Dusche und dann ins Bett', schoss es mir durch den Kopf. Leider blieb dieser Gedanke vorerst ein Wunschtraum, denn nach einigem hin und her ging es in einer kleineren Runde weiter, wobei unser Gastgeber ‚eine entspannenden Fußmassage' ankündigte. „Keine Sorge", versuchte Alan mich zu beruhigen, „hier werden Männlein und Weiblein getrennt massiert. Du kannst dich also in Ruhe entspannen." Leider war es in diesem Fall nicht so. Ich ließ mich resigniert mit den vier übrig gebliebenen Männern in einen Raum führen, in dem für jeden eine Liege parat stand. Bald darauf betraten fünf junge Damen den Raum und zogen ihren Kunden Schuhe und Strümpfe aus. „Ein Glück, dass ich keine Strumpfhose angezogen habe", dachte ich. Die Füße wurden in einem Bottich mit heißem Wasser gewaschen, anschließend machten sich die jungen Damen ans Werk. Sie kneteten, klopften, drehten, drückten und massierten an den Füßen herum, dass es in den Gelenken nur so knackte und die Füße schmerzten. „Jetzt wirst du es überstanden haben", dachte ich.

Dem war nicht so.

Ich glaubte meinen Augen nicht zu trauen, denn die für mich zuständige Masseurin zog ein kleines Glasgefäß aus ihrem Köfferchen. Dieses Ding erinnerte fatal an Abbildungen, in denen das Schröpfen im Mittelalter gezeigt wurde. Zu meinem Entsetzen füllte die Chinesin ein wenig blaue Flüssigkeit in das Gefäß, steckte diese an und setzte das Ganze, als die Flamme auflöderte, auf meine Fußsohlen.

„Aua!", quiekte ich. Das tat wirklich weh, besonders rechts. Die Masseurin zeigte sich völlig unbeeindruckt von diesem meinem Jammerton. Wahrscheinlich war sie ein viel heftigeres Geschrei gewohnt. Sie bewegte das Glasgefäß, welches sich an der rechten Fußsohle festgesaugt hatte eifrig hin und her, was nicht weniger schmerzte. Entschlossen mich nicht weiter foltern zu lassen zog ich meinen Fuß weg, worauf sich das Glas mit einem lauten ‚Plopp' löste. Verständnislos fixierte die Chinesin ihr widerspenstiges Opfer. Sie füllte verbissen neue Flüssigkeit in das Gefäß, um es in Windeseile wieder auf die Fußsohle zu setzen.

„AUA!" Dieses Mal setzte ich mich durch, jedenfalls teilweise, denn die Masseurin beschränkte sich darauf, das Glas auf der anderen Fußsohle auf und ab zu bewegen. Es schien nicht so fest zu sitzen, denn es schmerzte weniger heftig. Endlich ließ sie von meinen malträtierten Füßen ab, rieb sie mit einer Lotion ein, rubbelte sie anschließend trocken und verließ, zusammen mit ihren Kolleginnen, den Raum. „Jetzt wirst du es überstanden haben", dachte ich.

Dem war nicht so.

Wenig später klopfte es heftig an der Tür. Die Damen betraten erneut das Zimmer, dieses Mal mit einem Holzhammer bewaffnet. Die für mich zuständige Person bedeutete mir, mich flach hinzulegen. Ich versuchte, nicht an meine mühsam gestylte, mit Haarspray fixierte Frisur zu denken und folgte ihren Anweisungen mit einem resignierten Seufzer. Der Hammer wurde mir in die Hand gedrückt. Offensichtlich sollte ich mich damit selbst beklopfen, während die Masseurin mit einer Ganzkörpermassage begann. Ein Fünkchen Hoffnung keimte in mir auf: Würde es gelingen, die immer heftiger an mir herumknetende Person KO zu schlagen, ehe diese mein neues Seidenoberteil ruiniert und meine Hose völlig zerknittert hätte? Definitiv nicht, dazu war der Hammer zu klein. Obwohl – ein gezielter Hieb? Die, ob des widerspenstigen ausländischen Weibes immer rabiater werde Chinesin bedeutete mir, mich auf den Bauch zu drehen. Jetzt war schon alles egal. Schröpfgeräte auf den Fußsohlen, eine ruinierte Frisur und verknitterte Kleidung. Warum nicht auch noch ein verschmiertes Make-up? Gottergeben drehte ich mich in die gewünschte Position und ließ meinen sowieso schon schmerzenden Rücken auch noch verbiegen und beklopfen.

Irgendwann gehen auch die schlimmsten Prüfungen zu Ende. Ich hob vorsichtig den Kopf und sah in Alans grinsendes Gesicht, der sich ein weiteres Bier verordnet hatte.

Der Gastgeber trat auf uns zu. „Was`nt it good?", fragte er. Ich murmelte etwas Belangloses, denn ich wollte einfach nur zurück ins Hotel. In der Lobby angekommen wurde noch kurz den Plan für den nächsten Tag besprochen, wobei sich herausstellte, dass man in der Zeit, in der Alan Verhandlungen führte, eine zweitägige Tour für mich arrangiert hatte. Wohin es gehen sollte und wo ich übernachten würde, war den Ausführungen nicht zu entnehmen. „Seid doch froh", meinte Alan, als wir endlich in Bett lagen. „So etwas erlebst du nie wieder." „Du hast Recht, sooo etwas erlebe ich nie wieder!", seufzte ich.

„Hallo, I`m Fangfang." Eine zierliche Chinesin schüttelte mir, für ihre Zartheit erstaunlich kräftig, die Hand. Das sollte also meine Begleiterin für die nächsten zwei Tage sein. Hinzu kam Lulu, die nicht weniger kleine, aber ziemlich rundliche Freundin Fangfangs. Herr Lee, die Fahrer, musterte mich mit strengem Blick. Schnell schaute ich an mir herunter, aber sogar die Schuhe waren geputzt, er konnte nichts bemängeln.

„Heute geht es zum Shaolin Tempel in Wushu und morgen werden wir viele Buddhas sehen", erklärte Fangfang. „Up and down", brummelte Herr Lee in seinen nicht vorhandenen Bart, worauf Fangfang leise kicherte. Mehr Informationen gab es nicht. Herr Lee brummelte weiter, hatte aber genug damit zu tun, die Hupe zu bedienen, denn wir fuhren auf der Autobahn Richtung Luoyang. Erstaunlicherweise kam uns ein Radfahrer auf dem Mittelstreifen entgegen, den Herr Lee routiniert und hupend umkurvte. „Was isst du gerne", fragte Lulu. „Magst du lieber westliches Essen, oder soll es die traditionelle chinesische Küche sein?"

„Ich würde gern traditionell chinesisch essen", antwortete ich neugierig. „Schön", Lulu strahlte wie der Vollmond, „dann gibt es gleich Pizza!"

„Ah-ha, chinesische Pizza, sehr traditionell." Ich hatte ja schon am Vortag beschlossen mich über gar nichts zu wundern.

„Haha, chinesische Pizza! Erst Shaolin, dann Essen!" Wieder kicherte Fangfang und hier stockte die Konversation für einige Zeit.

Nach einer 2-Stunden-Fahrt schien Herr Lee der Meinung zu sein, dass nun Essenszeit wäre. Er hielt abrupt vor einem Restaurant, stieg aus und hielt uns die Tür auf.

Im Restaurant hielt mir Lulu eine Speisekarte unter die Nase. „Du musst dir etwas aussuchen, du wolltest doch Pizza." Ein wenig ratlos schaute ich auf die Abbildungen mit den chinesischen Schriftzeichen darunter an. „Das ist schwierig." Hilfsbereit orderte Lulu eine Früchtepizza, die tatsächlich nur mit Obst und Käse belegt war. Dazu gab es Suppe, Reis mit Meeresfrüchten und ein undefinierbares Gemisch mit fettem Fleisch. Tapfer, aber lustlos weil nicht hungrig, nahm ich den Kampf mit den Stäbchen auf und probierte von jedem Gericht etwas, wobei sich alles als wirklich wohlschmeckend entpuppte.

Nach dem Essen ging es zum Songshang Shaolin Tempel, der der größte und berühmteste Tempel seiner Art in China ist. Schon die Fahrt ist herrlich, denn sie führt an terrassenartig angelegten Feldern vorbei, die mit üppigem Grün wuchern. Der Tempel mit dem blumigen Namen „Nummer 1 unter dem Himmel" ist im Jahr 495 vom Kaiser Xiaowen erbaut worden. Der indische Mönch Bodhidhatma, welcher die Kampfkunst des Kung Fu entwickelte, trug entscheidend zu Macht und Ansehen des Tempels bei. Die große Tempelanlage ist eine faszinierende Ansammlung von kulturellen Stätten, wird aber von vielen einheimischen und ausländischen Touristen besucht, sodass der Kommerz im Vordergrund steht. Schon vor den Tempeltoren werden in Verkaufsbuden Stehrümchen aller Art angeboten und auch im Tempelbezirk selbst kann der Besucher Mitbringsel erwerben.

Im Eingangsbereich nahm sich eine freundliche Fremdenführerin meiner an, führte mich durch die Anlage und erzählte routiniert die Geschichte des Tempels. Besonders beeindruckt war ich von der "Halle der himmlischen Könige", welche von zwei riesigen, bunt bemalten Figuren bewacht wird. Sie stellen buddhistische Mönchskrieger dar. Die Statuen der vier himmlischen Könige befinden sich, zusammen mit mehreren Buddhastatuen und steinernen Löwen im Inneren der Halle. Auch der auf dem Klostergelände angelegte Pagodenwald ist unglaublich, denn jede dieser 240 großen und kleineren Pagoden ist ein Grabmal für einen Abt oder besonderen Mönch des Klosters. Die Gebilde sind aus Stein und Ziegeln errichtet und mit Reliefschnitzereinen und Inschriften verziert.

Obwohl die Fremdenführerin nett und kompetent war, ging sie mir schnell auf die Nerven, denn diese Chinesin war Buddhistin und von missionarischem Eifer beseelt. So war ich nach gut zwei Stunden umfassen über den Tempel und, vor allem, über den Buddhismus aufgeklärt. Eigentlich fehlte nur noch, dass die Missionarin ein Formular aus der Tasche ziehen und mir einen Kugelschreiber mit der Bemerkung „Unterschreiben sie bitte hier" reichen würde. Bevor ich aus reiner Verzweiflung konvertieren konnte, erlösten Lulu und Fangfang mich. Sie drängten zur Eile, denn die Vorführung der Shaolin Mönche sollte jetzt stattfinden. Aufatmend betrat ich die Arena. Die Vorstellung begann. Zu meiner Enttäuschung stellen ich fest, dass sie sich nicht wesentlich von den Darbietungen unterschied, die ich in Deutschland unter dem Titel „Die Rückkehr der Shaolin" gesehen hatte. Selbst die mit bloßer Hand durch eine Glasscheibe getriebene Nadel fehlte nicht. Trotzdem ist es immer wieder beeindruckend, was diese Mönche mit ihrer Körperbeherrschung bewerkstelligen. Nach der Vorstellung konnte ich festzustellen, dass die Fremdenführerin vor der Tür gewartet hatte, um uns bis zum Ausgang zu begleiten und dabei weiter zu missionieren. Auch hier wussten Fangfang und Lulu sich zu helfen: Die beiden hakten sich einfach rechts und links bei mir ein, sodass die Missionarin nicht zum Zuge kam.

Im Auto fragte Lulu erwartungsvoll: „Möchtest du vielleicht wieder chinesische Pizza essen?" „Ich bin noch so satt, ich möchte eigentlich gar nichts essen." Lulus Vollmond nahm sichtbar ab. So ging es erst einmal zum Hotel. Ich freute mich auf eine heiße Dusche und etwas Ruhe, um die Erlebnisse des Tages erst einmal sacken zu lassen.

Gerade ließ ich genüsslich das heiße Wasser auf mich niederprasseln, als das Telefon läutete. Lulu, offensichtlich für die Ernährungsfragen zuständig, war ganz aufgeregt. „In diesem Hotel gibt es ein Buffet, man darf so viel essen, wie man will! Ist dir das recht?" Meine bejahende Antwort ließ den Vollmond wieder aufgehen und bald saßen wir am Tisch. Herr Lee zog es, wie schon am Vortag vor an einem separaten Tisch zu sitzen. Während Fangfang sich ihren Teller mit Gemüse füllte, schuf Lulu ein wahres Kunstwerk. Sie packte Teigtaschen, gefüllt mit Fleisch und Gemüse neben ein Stück Kuchen mit Zuckerguss. Hinzu kam eine ordentliche Portion Schweinefleisch süß/sauer zu kleinen süßen Hefeklößen. Gekrönt wurde das Meisterwerk von mehreren Strünken eines Kohlgemüses. Das alles vermischte sie malerisch miteinander. ‚Gut, dass es hier keine Schlagsahne gibt', schoss es mir durch den Kopf, während Lulu sich daran machte, das Meisterwerk in Windeseile zu verputzen und sich als Zwischenmahlzeit ein Schälchen Suppe zu gönnen. Ich ließ mir eine Portion undefinierbaren, aber wohlschmeckenden Fisch schmecken, der, stäbchengerecht, in kleine Stücke gehackt worden war. Plötzlich wurde mir ganz anders. Ich schluckte, schluckte noch einmal, legte die Stäbchen weg. Mir war eine Fischgräte im Hals stecken geblieben. Alarmiert schaute Fangfang von ihrem Teller auf: „Ist dir nicht gut?"

„Schon, aber ich glaube ich habe eine Fischgräte im Hals", würgte ich hervor und hustete. Herr Lee, der zwar am Nebentisch saß, uns aber genau beobachtete, kam herüber und ließ sich über mein Missgeschick aufklären. Er winkte eine Bedienung herbei und bestellte etwas, wobei er mir begütigend auf den Rücken klopfte. Wie sich herausstellte, hatte er eine Schale mit Essig geordert, die ich tapfer austrank. Was soll's, dachte ich, während ich den Essig herunterwürgte, schlimmer kann es nicht kommen. Wobei ich mich gründlich irrte, denn anschließend orderte Herr Lee ein paar Brötchen. Er blieb so lange sitzen, bis ich mich strikt weigerte noch irgendetwas zu essen oder zu trinken. „Es ist alles in Ordnung, mein Hals ist wieder frei. Ich brauche keinen Essig mehr und auch keine Brötchen", beruhigte ich, mühsam lächelnd, die besorgten Mädchen und den tatkräftigen Herrn Lee. Fangfang war immer noch besorgt: „Okay, aber wenn du irgendwelche Probleme hast, dann melde dich bitte!"

Im Zimmer angekommen stellte ich fest, dass mein Handy keinen Netzempfang hatte, ich also Alan nicht erreichen konnte. Mein Hals fühlte sich inzwischen an, als ob ich eine Nagelfeile verschluckt hatte. ‚Bestimmt ist dein Hals wund, weil du den blöden Essig getrunken hast', beruhigte ich mich. ‚Jetzt nimmst du einfach ein Schmerzmittel und legst dich schlafen.' Das Schmerzmittel wirkte nach einiger Zeit, an Schlaf war allerdings nicht zu denken, denn im Nebenzimmer schien sich eine chinesische Gänsehorde versammelt zu haben, die lautstark miteinander schnatterte. Irgendwann schlief ich doch ein und träumte von Gänsen, die als Shaolinkämpfer auftraten und mit Fischen um sich warfen.

Am nächsten Morgen wurde ich von einem Sonnenstrahl wachgekitzelt, der durch das Fenster blinzelte. Verschlafen reckte ich mich, schluckte vorsichtig und musste festelle, dass es im Hals immer noch kratzte. Ich beschloss das unangenehme Gefühl so gut es ging zu ignorieren und schluckte ein paar Aspirin. ‚Du hast nichts, das Kratzen kommt von dem verflixten Essig', redete ich mir erfolgreich ein. „Ist alles in Ordnung? Hast du gut geschlafen?" Die Mädchen erschienen rührend besorgt, während Herr Lee mich grimmig - prüfend musterte.

„Alles klar, ich fühle mich super. Wo geht es jetzt hin?"

„Du willst doch wohl nicht ohne zu frühstücken hier weg?", fragte Lulu vorwurfsvoll. So saßen wir bald darauf im Frühstücksraum. Ich stellte mit Erstaunen fest, wie viel die Mädchen verputzten, wobei sich herausstellte, dass das chinesische Frühstück die gleiche Speisezusammensetzung hat wie das Mittag- und Abendessen.

„Jetzt besichtigen wir die ‚Longmen Höhlen'. Dort sind unzählige Buddha Statuen. Die größte ist fast 20 Meter hoch", klärte Fangfang mich auf.

„Up and down", rief Herr Lee vom Nebentisch, wo er an der obligatorischen Nudelsuppe schlabberte.

Wirklich sind die die Höhlen, mit deren Bau im Jahre 494 begonnen wurde einmalig und grandios. Hier gibt es in über 20 000 Grotten an die 100 000 Buddhastatuen in allen Variationen und Größen. Dazu kommen unzählige Glücksbrunnen, Glückspagoden und Glückssteine. Chinesen scheinen das Glück mit allen Mitteln erzwingen zu wollen. Übermütig kletterten wir die Stufen, die zu den einzelnen Höhlen, in denen die Statuen untergebracht waren hinauf und wieder herunter. „Up an down", wie Herr Lee, der wie immer am Wagen wartete, so treffend bemerkt hatte. In einer leeren Höhle versuchten wir uns als weibliche Version des Buddha, was nur Lulu überzeugend gelang, ähnelte sie mit ihrem Vollmondgesicht und ihrer fehlenden Taille doch dem Original. Als wir kichernd und giggernd weiter gehen wollten, gesellten sich zwei ältere chinesische Männer zu uns und sprachen die Mädchen an. Grinsend übersetzte Fangfang: „Die Herren fragen, ob du wirklich rote Haare hast, sie haben miteinander gewettet. Und sie wüssten gerne, wie alt du bist." Ich grinste zurück. „Ja klar habe ich rote Haare und du kannst ihnen gerne sagen, wie alt ich bin." Fangfang erteilte die gewünschte Auskunft. Einer der Männer schlug sich lachend auf die Schenkel. „Er hat mit den roten Haaren recht gehabt, aber beide haben dich viel jünger eingeschätzt. Er ist genau so alt, wie du. Er fragt, ob du keine Lust hast, sein Gast zu sein."

„Sorry, daraus wird nichts, aber wir können ein Foto zusammen machen, vielleicht wäre das auch in Ordnung?" Kurz entschlossen hakte ich mich bei meinem Fan unter. Anschließend schrieb der Mann seine Adresse auf und überreichte sie feierlich. Falls ich ihn doch besuchen wolle, erklärte er dabei. Wir verabschiedeten uns voneinander, wobei der Chinese den Mädchen etwas nachrief. Kichernd übersetzte Fangfang: „Er sagt, wir sollen gut auf dich aufpassen und dafür sorgen, dass du seine Adresse nicht verlierst. Aber die kannst du sowieso nicht lesen."

„Genau, iss lieber eine Banane", meinte Lulu kauend. Natürlich hatte man nach dem Frühstück erst einmal Proviant für die Höhlenbesichtigung besorgt. Herr Lee hatte kurzerhand vor einem Obststand angehalten. Bald darauf war er ächzend unter der Last einer halben Bananenstaude und eines Sackes voller Aprikosen wieder eingestiegen. Das Obst wurde brüderlich geteilt. Lulu, zuständig für den Proviant, sorgte dafür, dass sie nicht so viel zu tragen hatte; sie kaute ständig.

Weiter ging es mit einer Fahrt auf dem Lou-River. Hier gab es kleine gelbe Drachenboote, die geschäftig auf dem Fluss hin- und herflitzten. Die nächste Anlegestelle befand sich unter einem terrassenförmig in den Berg gebauten Haus, das wie eine riesige Pagode aussah. „Das ist Xiangshan, ein buddhistischer Tempel", erklärte Fangfang. „Den besuchen wir aber jetzt nicht, das wird zu viel. Wir zeigen dir lieber einen schönen Garten." Die Mädchen führten mich in einen typisch chinesischen Garten, mit einem vor sich hinplätschernden Wasserfall und kleinen Steinbänken, die zum Verweilen einluden. Von hier aus führte eine steile Steintreppe den Berg hinauf. „Sollen wir wirklich dort hinauf", keuchte Lulu. Sie hatte inzwischen das Obst fast allein aufgegessen und schnaufte wie Emma, die Dampflok aus Lummerland. Fangfang nickte mir unmerklich zu. „Wer als Erster oben ist, der wird Champion", mit diesen Worten spurteten sie los. Oben angekommen blieb ich abrupt stehen, denn mit diesem Anblick hatte ich nicht gerechnet. „Schön, nicht wahr", lächelte Fangfang. „Das ist das Grab von Bai Juyi." Wirklich erhob sich hier ein mächtiger Grabstein, der mit Schriftzeichen übersät war. „Bai Juyi ist ein sehr bedeutender Dichter", klärte Fangfang mich auf. „Er hat 3000 Gedichte geschrieben, aber er ist gestorben. Das ist ungefähr 1200 Jahre her." Nach diesem eher kurzen Ausflug in die Welt der chinesischen Poesie machten wir uns auf den Rückweg.

Am Auto wartete bereits Herr Lee. Mit einem strengen Blick teilte er mit, dass die normale Essenszeit schon lange überschritten wäre und er Hunger habe. Dieses Mal übersetzte Lulu. „Wenn Herr Lee unbedingt essen gehen will –

was soll man da machen", fügte sie mit einem Schulterzucken hinzu.

Dieses Mal gab es wirklich traditionelle chinesische Gerichte. Herr Lee orderte mariniertes Rindfleisch, das man vor dem Verspeisen zusätzlich in ein Schälchen mit Essig tunkte und ein merkwürdiges, salatartiges Gemüse, das geschmort worden war. Während Herr Lee meinen Teller mit Rindfleisch und Gemüse vollpackte, beugte sich Fangfang verschwörerisch herüber. Sie wisperte: „Herr Lee sagt, dass du dich nicht über die Leute wundern sollst, die sind ein bisschen komisch. Hier gibt es keine Gerichte mit Schweinefleisch, weil das Restaurant von Moslems betrieben wird. Weißt du, was für Leute das sind, die Moslems?"

„Ich denke schon, aber sag du´s mir ruhig noch einmal." Die chinesische Definition von Moslem interessierte mich brennend.

„Diese Moslems haben komische Sitten, sie beten das Schwein an und essen deshalb niemals von seinem Fleisch. Aber was hast du denn? Macht dein Hals dir wieder Probleme?" Ich hatte mich am Gemüse verschluckt, weil ich krampfhaft das Lachen unterdrückte. „Nein, nein, keine Sorge. Das ist mir allerdings neu, ich dachte immer das wären die Inder mit den Kühen." Fangfang schaute chinesisch ernst. „Du irrst dich, es sind die Moslems mit den Schweinen. Oh, da kommen unsere Nudeln!" Der Muselmann und

Schweineanbeter erschien und stellte vier riesige Schüsseln mit Nudeln auf den Tisch. Dazu kam ein waschschüsselartiges Gefäß, in dem Tomatensoße schmurgelte. „Ich bin satt, ich habe doch so viele Bananen gegessen", stöhnte Lulu, ertränkte ihre Nudeln in Tomatensoße und langte tüchtig zu. Auch Herr Lee hielt sich die Schüssel unter das Kinn. In Windeseile hatte er sich sein Nudelgericht einverleibt. Mit diesem Tempo konnten weder Fangfang, noch ich mithalten, was uns einen strengen Blick von Herrn Lee einbrachte. Er runzelte die Augenbrauen und sagte etwas, das nicht wirklich freundlich klang. „Er meint, wir sollen uns ein wenig beeilen. Es wird Zeit dich zurück nach Hebi zu bringen", übersetzte Fangfang. Mein Hals schmerzte wieder und so ließ ich erleichtert meine restlichen Nudeln stehen.

Im Hotelzimmer angekommen machte ich mich daran mithilfe eines Vergrößerungsspiegels und einer Taschenlampe, die ich im Nachttisch fand, den Hals zu untersuchen. Zu meinem Entsetzen stellte ich fest, dass eine dicke, weißlich schimmernde und ca. 3 cm lange Fischgräte in der linken Mandel steckte. Geschockt setzte ich mich auf den Wannenrand, denn mir wurde vor lauter Panik speiübel. Alan war noch nicht im Hotel und das Handy funktionierte immer noch nicht. Ob ich zur Rezeption gehen und den Fall schildern sollte? Ich bezweifelte stark, dass die Damen an der Rezeption mich verstehen würden, denn die sprachen ein mehr als dürftiges Englisch. Ich konnte doch nicht dort erscheinen, den Mund weit aufreißen und jemanden bitten, mir in den Hals zu gucken! Unwillkürlich brach ich in Tränen aus. Endlich öffnete sich die Zimmertür. Alan kam freudestrahlend und mit ausgebreiteten Armen auf mich zu. „Hallo mein Schatz, schön das du wieder da bist. Ich habe dich so vermisst." Er blieb abrupt stehen und sah mich alarmiert an. „Was ist los?"

„Alan, in meiner Mandel steckt eine Gräte!"

„Wie bitte???"

„In meiner linken Mandel steckt eine Fischgräte!"

„Wenn ich es nicht besser wüsste, würde ich jetzt die Minibar gucken und schauen, ob du die Schnapsvorräte geplündert hast. Du meine Güte, ich glaube das ist dein Ernst!"

Energisch zog ich ihn zum Fenster und öffnete weit den Mund „Guck rein!"

„Donnerwetter, hast du einen Walfisch verspeist", entfuhr es ihm. Ich klappte den Mund zu und holte tief Luft, um meinem Frust Luft zu machen. Nicht genug, dass ich einen mordsmäßigen Fremdkörper in der Mandel stecken hatte und der Hals schmerzte wie verrückt, jetzt machte dieser dumme Mann auch noch Witze auf meine Kosten. Doch Alan kam mir zuvor. „Schatz, unser Gastgeber ist sowieso gleich hier, er wollte uns zum Essen abholen. Ich rufe ihn sofort an. Er wird uns zu einem Arzt bringen. Du meine Güte, ich bin ja selbst ganz erschrocken."

Eine Viertelstunde später saß ich bereits in einem Behandlungszimmer. Unser chinesischer Gastgeber hatte sofort reagiert, uns ins hypermoderne städtische Krankenhaus gebracht und dort alles geregelt. Der Arzt schaute in meinen den Mund. Er zückte eine lange Pinzette. „Ahhh", gehorsam gab ich den gewünschten Ton von mir und schon war die Gräte aus meinem Hals verschwunden. „Donnerwetter", selbst der Arzt war beeindruckt von dem kapitalen Fischknochen.

Auf dem Rückweg erkundigte sich unser Gastgeber in guter chinesischer Manier danach, ob ich jetzt nicht doch mit zum Dinner kommen wolle, was ich energisch verneinte. So setzte man mich am Hotel ab. Erleichtert überließ ich es Alan, der Einladung Folge zu leisten. Als er später am Abend ins Hotel kam, hatte er eine Tasche voller Schokoriegel, Buttercookies und Pralinen bei sich. Grinsend erklärte er: „Ich kann nichts dazu. Alle waren der Meinung, du würdest hungernd im Hotelzimmer sitzen", mit diesen Worten zog er zwei Päckchen Milch aus der Tasche. „Die sollst du unbedingt trinken. Milch ist gut für deinen Hals."

Endlich ging es zurück nach Schanghai. Ich war froh, ein paar Tage einfach nur ausspannen, ein wenig zu shoppen und die örtlichen

Sehenswürdigkeiten anschauen zu können. Das gebuchte Hotel lag direkt an der Nanjing Road, also mitten in der Innenstadt. Was die ‚Zeil' in Frankfurt und die ‚Carnaby Street' in London, das ist Nanjing Road für Shanghai. Hier reihen sich Kaufhäuser, Spezialitätenläden und Nobelgeschäfte in endloser Folge aneinander. Von Dior bis Vuitton finden sich hier alle kostspieligen Marken des Westens. Nanjing Road endet am Bund, der Flusspromenade entlang des Huangpu River. Dort gibt es unter anderem den größten Armani Laden Asiens. Nanjing Road kommt nie zur Ruhe. Hier wimmeln Tag und Nacht die Kaufwütigen, Schaulustigen und Erlebnishungrigen durcheinander. An jeder Ecke wird dem umherschlendernden Ausländer ein bunter Prospekt unter die Nase gehalten. „My friend, do you want a watch? Cheap for you! No watch, okay – a bag or a T-shirt?" Irgendwie erinnern diese Leute an die Sesamstraße: „Willste ein ‚Enn', oder ein ‚Emm'? Ganz billig!" Geht man allerdings ein paar Straßen seitwärts, weg vom Glanz und Trubel, so erlebt man das richtige Shanghai. Kleine Läden, in denen man alles bekommt, wechseln sich miteinander ab. Neben einem Schuster, der vor seiner Ladentür sitzt und die Schuhe besohlt, hat es sich ein Gemischtwarenhändler auf einem Gartenstuhl bequem gemacht und hält seinen Mittagsschlaf. An einer Straßenecke steht ein Mann mit einem Fahrrad. Er hat eine große Plastikschüssel, in der kleine Schildkröten über- unter- und durcheinander krabbeln an seinem Drahtesel befestigt. Gut, dass die Tiere nicht ahnen, dass sie heute noch in die Suppe kommen. Ein paar Häuser weiter ist ein großer Obststand, an dem man für ein paar Renminbi riesige Melonen kaufen kann. Über der Straße hängt die Wäsche zum Trocknen und die elektrischen Leitungen wabbern irgendwie dazwischen. Die Menschen sind freundlich und hilfsbereit, wenn auch durch die vielen Touristen ein wenig überfordert.

An diesem Vormittag war Alan in Firmenangelegenheiten unterwegs. Ich hatte mir vorgenommen, einmal ganz in Ruhe über die Nanjing Road zu bummeln. Kaum auf der Straße wurde ich schon vom ersten Verkäufer angesprochen: „Lady, watches, cheap, cheap." Ich funkelte ihn, ohne ein Wort zu sagen, böse an, und er wechselte hastig sein Revier. Ich hatte herausgefunden, dass das, was Alan ‚deinen bösen Hexenblick' nannte, die lästigen Uhrenverkäufer vertrieb. So konnte ich einigermaßen unbehelligt von Geschäft zu Geschäft schlendern. Vor einer großen Parfümerie wurde gerade Frühsport betrieben. Ein offensichtlich sehr schwuler Vorturner stand im Vordergrund und bewegte sich grazil zu den Klängen fernöstlicher Musik. Interessierte Passanten ahmten seine Bewegungen nach oder schauten einfach zu. Ich mischte mich unter die Zuschauer und genoss das Schauspiel. Plötzlich setzte sich ein kleiner Junge vor mir in die Hocke. Ich bemerkte erst jetzt, dass seine hintere Hosennaht aufgetrennt war. Eine Unterhose trug der Knirps nicht. Offensichtlich hatte er gut gefrühstückt, denn er kniff die Augen zusammen, drückte kräftig und schon lag die Bescherung auf der Straße. Das schien normal zu sein, denn nicht einmal die Eltern kümmerten sich um die Hinterlassenschaften ihres Sprösslings. Nach einer Weile kam eine Reinigungskraft vorbei, und fegte seelenruhig alles mit einem Reisigbesen in den dazu mitgeführten Kasten. Nach einer Weile wurde mir das Spektakel langweilig, denn der Vorturner wiederholte letztendlich immer die gleichen Schritte, einmal mit einem Fächer, dann wieder mit einem Band wedelnd.

So schlenderte ich in Richtung Bund, bewunderte die Bauten aus der Kolonialzeit, die das Ufer des Flusses auf dieser Seite säumen. Auf der anderen Seite des Huangpu befindet sich das Wirtschafts- und High Tech Zentrum Pudong, das eine beeindruckende Skyline bietet.

Am Abend bummelten wir Nanjing Road hinunter. Alan hatte erzählt, dass die fliegenden Händler, die am Tag Uhren und T-Shirts verkauften am Abend „sexy Girls, hot Massage, very cheap " feilboten.

„Na da bin ich mal gespannt, ob dir auch heute etwas Derartiges angeboten wird", erklärte ich skeptisch. Wie ich vermutet hatte, wagte sich kein Händler oder in diesem Fall Vermittler, in unsere Nähe. „Kein Wunder, du mit deinem Hexenblick verscheuchst die armen Teufel ständig", beklagte sich Alan.

„Besser ist es, was solltest du auch antworten." „Ganz klar", Alan grinste über das ganze Gesicht. „Ich würde nach einem kleinen Chinesen für dich und einer süßen Chinesin für mich fragen." Ich musterte ihn zweifelnd. „Das wagst du nicht!" Alan grinste wahrhaft teuflisch. „Wetten?" „Die Wette gilt!"

Ein paar Blocks weiter sprach uns ein junger Mann an. „Watches, very cheap!" Alan blieb stehen. „Uhren brauchen wir nicht, aber meine Frau sucht einen China-Boy für die Nacht." Der Uhrenverkäufer stutzte einen Augenblick, dann winkte er drei jungen Männern zu, die sich diskret im Hintergrund gehalten hatten und sich jetzt vor uns aufbauten. „Lady, welchen möchtest du haben?"

Ich schaute ihn verdutzt an und brauchte einen Augenblick, um diesen Satz in mein Hirn einsickern zu lassen. Meine sonst so große Klappe ließ mich jetzt in Stich. „Urks", mehr brachte ich nicht heraus und ging gleichzeitig mit einem Hechtsprung hinter Alan in Deckung, während die drei Männer ihre Muskeln spielen ließen. „Also eigentlich, wirklich, nee", stammelte ich. „Was sie meint, ist, dass sie es sich anders überlegt hat", übersetzte Alan mein ziemlich fassungsloses Gestotter. Der Uhrenverkäufer grinste über das ganze

Gesicht. „Dacht ich´s mir doch, vielleicht das nächste Mal und vielleicht kauft deine Frau mir doch lieber eine Uhr ab", mit diesen Worten drehte er bei und winkte den drei Muskeltieren zu, die ihm willig folgten. Jetzt musste ich doch lachen. „Die Wette hast du gewonnen, mein Lieber, aber was hättest du gemacht, wenn ich mir einen China Boy ausgesucht hätte?" Alan war heute nicht aus der Ruhe zu bringen. „Ganz einfach, dann hätte ich dir den Hintern versohlt!

So gingen die letzten Tage in Shanghai schnell und ohne nennenswerte Katastrophen vorbei. Wir besuchten den Fernsehturm, in dem eine der Plattformen einen kompletten Glasboden hat. Es war schon ein komisches Gefühl nur ein wenig Glas und 260 Meter Luft zwischen sich und dem Erdboden zu haben. Sicherheitshalber rutschte ich auf dem Allerwertesten bis zum Rand der Plattform, während eine uralte Chinesin seelenruhig an mir vorbei flanierte. Wahrscheinlich konnte die alte Dame nicht mehr so richtig gucken.

Yu Yuan Garden ist eine typisch chinesische Gartenanlage mit malerischen Brücken, unter denen sich kleine Schildkröten und dicke Goldfische tummeln. Kleine Pavillons, deren schattige Innenhöfe zum Verweilen einladen wechseln sich mit kargen Steinbeeten und kunstvoll beschnittenen alten Bäumen ab. Hier verbummelten wir den Sonntagvormittag und stürzten uns anschließen in den Trubel der ‚Alten Stadt', einem dem historischen Shanghai nachempfunden Stadtviertel, in dem sich ein Andenkenladen an den anderen reiht. Auch hier gibt es nichts, was die immer profitorientierten chinesischen Geschäftsleute nicht besorgen können. Wir ließen uns treiben, schauten hier und dort nach einem Schnäppchen, besuchten schließlich eine Bar, um eine wirklich nötige Pause einzulegen.

„Jetzt hast du schon eine Menge gesehen, aber eigentlich gehört es auch dazu, sich von einem der dubiosen Uhrenverkäufer durch Shanghais illegale Verkaufsläden führen zu lassen." Alan schaute fragend. „Was meinst du? Allerdings müsstest du deinen Hexenblick für eine Weile abstellen."

„Ich kann es versuchen. Hoffen wir, dass es funktioniert."

Am nächsten und letzten, Tag bummelte wir die Nanjing Road hinunter und ließen uns von einem der zahlreichen Uhrenverkäufer abschleppen. Der Mann wedelte mit einem Prospekt, in dem zahlreiche Uhren der verschiedensten Marken abgebildet waren. „Watches, very cheap!" Auf unser Nicken hin führte der Chinese uns in eine dunkle Seitengasse und klingelte an einer der zahlreichen Haustüren. Nach kurzer Zeit öffnete sich die Tür. Bald stand ich verwundert in einer Wohnung, die zu einem Ladenlokal umfunktioniert worden war. Holzregale bis zur Decke, in jedem Zimmer ein anderer Artikel, das schien hier Standard zu sein. Es gab ein Taschen- und ein Schuhzimmer, Uhren und Schmuck in einem Raum, Bekleidung und Handys im anderen. In einer Ecke bot man komplett mit Schlägern bestückte Golftaschen an. „Alles ganz billig", das war der Standardspruch schlechthin. Alan schaute sich das Uhrenangebot näher an, fand aber nicht das Richtige. „Das ist kein Problem, wir gehen einfach in den nächsten Laden", meinte der tüchtige Schlepper. Ein paar Häuser weiter betraten wir einen ganz normalen Laden. Nach einem kurzen Wortwechsel drückte der Ladenbesitzer auf eine versteckte Feder und ein komplettes Schuhregal glitt zur Seite. Etwas Derartiges hatte ich bisher nur im Film gesehen. Wieder betraten wir ein verstecktes Ladenlokal, in dem sich schon einige Kunden befanden. Wieder bestand das Angebot hauptsächlich aus Uhren, Handys, Taschen und Koffern in allen Variationen und, was noch wichtiger schien, auf allen Artikeln prangte der Name einer Nobelmarke. Eifrige Verkäufer wuselten von einem Raum zum anderen und berieten die kaufwillige Kundschaft. Auch hier fand Alan nicht die passende Uhr, worauf der geduldige Chinese uns in den nächsten Laden führte. Hier ging es zunächst durch einen Hinterhof in einen erstaunlich gepflegten Hausflur und weiter in eine Wohnung.

„Das kenne ich! Hier habe ich schon mal was gekauft", rief Alan erfreut aus. Er begutachtete das Uhrenangebot, während ich zielstrebig in das Schuhzimmer überwechselte. Auch hier war das Angebot mehr als reichlich. Ich konnte es sich mir nicht verkneifen, den einen oder anderen Schuh zu probieren, während eine übermotivierte Verkaufskraft auf mich einredete. Zu meinem Leidwesen schienen die Schuhe nur für zierliche Chinesinnenfüße gemacht zu sein. „Irgendwie sind meine Füße zu groß, oder die Schuhe zu klein."

Im Uhrenzimmer war Alan offensichtlich fündig geworden, denn er hielt mir eine wirklich tolle ‚Longines' unter die Nase. „Natürlich ein Original", grinste er und fragte nach dem Preis. Sofort stürzten mehrere Verkäufer auf ihn zu, von denen einer emsig auf einem Taschenrechner herumhämmerte, um ihn dem Kaufwilligen anschließend unter die Nase zu halten. Alan lachte laut auf. „Das ist nicht euer Ernst!"

„Was möchtest du denn bezahlen?" Der Verkäufer schien durchaus verhandlungswillig. Alan tippte ein paar Zahlen ein. „Mehr werde ich nicht für die Uhr ausgeben!" Ungläubig starrte der Verkäufer seinen Taschenrechner an, schüttelte den Kopf und bearbeitete die Tastatur. „Mein letzter Preis", röchelte er. Wieder tippte Alan ein letztes Angebot ein, wieder schüttelte der Verkäufer den Kopf. Er schien den Tränen nahe, drückte den Rechner mit letzter Kraft einer Kollegin in die Hand, die eine Zahl eintippte. „Sir", sagte sie mit Würde, „dieses ist eine Markenuhr von sehr guter Qualität. Ich werde sie ihnen nicht billiger verkaufen."

„Na gut, ich brauche diese Markenuhr eigentlich gar nicht", mit diesen Worten verließ Alan die Wohnung. Ich hatte das Schauspiel mit offenem Mund verfolgt und bemühte mich nun ihm zu folgen. Entschlossenen Schrittes ging Alan auf die Ausgangstür zu, kam allerdings nicht weit, denn die chinesische Verkäuferin spurtete ihm hinterher. Sie schwenkte die Uhr über ihrem Kopf. Alan zog das schon vorher abgezählte Geld aus der Tasche, die Qualitätsuhr wechselte den Besitzer. Im Hinausgehen hörte ich die Verkäuferin etwas zischen.

„Sag mal, kann es sein, dass die Tussi ‚bloody Bastard' zu dir gesagt hat?" Alan grinste jungenhaft. „Never mind, das hat sie bei unserer letzten Begegnung auch schon gesagt. Die könnte sich auch mal einen anderen Fluch einfallen lassen …"

Auf Peking freute ich mich ganz besonders, denn mit diesem Besuch ging ein lang gehegter Wunsch in Erfüllung.

„Leider haben wir nur zwei Tage Zeit", erklärte Alan auf dem Weg zum Hotel bedauernd. „Unser Rückflug geht übermorgen Mittag."

Er war der Meinung, ein Hotel der ‚Courtyard' Kette gebucht zu haben, doch wie groß war unser Erstaunen, als wir vor einem kleinen, heruntergekommen und von außen schmuddelig wirkenden Hotel abgesetzt wurden. Der schmale Eingang war rot gestrichen, eine mickerige Tür führte in die Lobby, wo man uns ausgesprochen freundlich begrüßte. Hier klärte sich das Missverständnis auf: Das Hotel trägt zwar den Namen ‚Courtyard', doch gehörte es mitnichten zu der bekannten Kette. Seinen Namen hatte es durch seine Bauweise erhalten. So unscheinbar das Hotel von außen wirkt, so schön war es von innen. Ursprünglich das Domizil eines im 19. Jahrhundert lebenden Ministers der späten Qing Dynastie namens Zuo Zongtang liegt das Haus sehr zentral im Xitangzi Hutong, wobei Hutong nichts anderes als Viertel bedeutet. Um einen begrünten Innenhof reihen sich mehrere kleine Häuschen. Diese Häuser bildeten, zusammen mit dem Hof, ein Rechteck. Der Name des Hotels bedeutet genau übersetzt ‚Atriumhaus'. Der findige Besitzer sah hier eine Chance sich einzuklinken und arglose Touristen, die meinten in einem Hotel der ‚Courtyard' Kette einzuchecken, in sein Haus zu locken. Doch so geschockt wir zunächst waren, das Hotel erwies sich als ein Glücksgriff. Hier ist man fernab der üblichen Touristenbunker untergebracht und wohnt in den renovierten Räumlichkeiten eines Kaiserbeamten. Die Zimmer sind für den Maßstab der sonst gebuchten Hotels eher spartanisch, aber ausreichend, nett und teilweise traditionell eingerichtet.

Nachdem wir ausgepackt hatten, knurrte mir vernehmlich der Magen. „Ich habe einen solchen Hunger."

„Dem kann ich abhelfen", schmunzelte Alan. „Ich zeige dir eine ganz besondere Meile."

Wir schlenderten die angrenzende Fußgängerzone entlang. Bald kamen wir an eine Kreuzung, von der aus wir eine hell erleuchtete Straße sahen. Auf einer Länge von ca. 250 Metern reihte sich hier eine Imbissbude an die nächste. Mir blieb vor Erstaunen der Mund offen stehen, denn selbst auf dem allergrößten Weihnachtsmarkt war nicht so viel los wie hier. Touristen und Einheimische flanierten in Eintracht an den verschiedenen Ständen vorbei, bestaunten das Angebot, kosteten, aßen sich satt.

„Schau mal", Alan wies auf ein Schild, das über einem großen Suppenkessel hing. „Dog Brian Soap", entzifferte ich zu meinem Entsetzen. „Das ist doch wohl nicht wahr", ereiferte ich mich, doch Alan, der schon weitergegangen war, zuckte mit den Schultern. „Daran musst du dich hier in China gewöhnen. Es wird alles gegessen, was Beine hat, außer Tischen und Stühlen." Das Angebot war mehr als exotisch: Es gab Hundeleber auf Gemüse, geschnetzelte Ziegenlunge, Babyhai, Seidenraupen und gegrillte Schlange. An vielen Ständen wurden Wasserkäfer, Seepferdchen, Spinnen und Skorpione, bereits fertig auf lan-

gen Spießen aufgereiht, angeboten. Bestellte man diese Köstlichkeit, so wurden die Spieße frittiert und das Geziefer ganz frisch gegessen. Vor einem Stand blieb ich wie angewurzelt stehen. „Ih, guck bloß mal, die aufgespießten fetten Spinnen bewegen sich ja noch!" Wirklich bewegten einige der großen schwarzen Spinnen träge ihre Beine, obwohl sie doch am Spieß hingen. „Ja, das stimmt." Sah ich hier selbst meine bessere Hälfte schaudern? „Das sind Vogelspinnen, ganz frisch." Am nächsten Stand hielt Alan an. „Jetzt knurrt mein Magen auch, wir sollten wirklich etwas essen." Vorsichtig schaute ich mir die Auslage an und konnte erleichtert feststellen, dass es sich hier um einen einigermaßen normalen Anbieter handelte, jedenfalls für europäische Verhältnisse. In verschiedenen Pfannen schmurgelten geschnetzeltes Fleisch und verschiedene Gemüsesorten vor sich hin. Dazu gab es Nudeln oder Reis. Die riesige Portion kostete umgerechnet sagenhafte 2 Euro. Ich bestellte vorsichtshalber Gemüse mit Nudeln und kostete kritisch von dem Gemisch. Es schmeckte hervorragend. Alan gab sich mutig und nahm Schweinefleisch. „Bist du sicher, dass es sich nicht um Hund oder Katze handelt?", fragte ich. Meine bessere Hälfte musterte den Inhalt seiner Schale kritisch. „Das ist schon Schwein, jedenfalls schmeckt es so und ich will mir nichts anderes vorstellen."
Zurück in der Fußgängerzone kehrten wir in

einem der zahlreichen kleinen Getränkehäuschen ein. Hierbei handelte es sich um einen Stand, der sich in einem mit Stühlen und Tischen bestückten Glasverschlag befand. „My Dear, jetzt muss ich doch mal einen kleinen Whisky haben", erklärte Alan. So orderten wir Kaffee und Whisky. Zu Alans erstauntem Entzücken goss der Barkeeper ihm das Whiskyglas randvoll. Er schien wohl die Blicke meines Liebsten bemerkt zu haben, denn er grinste über das runde Gesicht und erklärte freudestrahlend: „Jetzt habe ich mich wohl irgendwie mit dem Eichstrich vertan. Das ist doch nicht zu viel, oder?" Schnell schüttelte Alan den Kopf und trank entschlossen einen Schluck. Letztendlich bezahlten wir für den vierfachen Whisky und meinen Kaffee vier Euro, zuzüglich des Trinkgeldes, mit dem Alan den freundlichen Keeper bedachte.

Am nächsten Tag ging es zur Verbotenen Stadt, die gut 15 Gehminuten von unserem Hotel entfernt lag. Bevor wir aufbrachen, erkundigte sich Alan an der Rezeption nach Möglichkeiten, um die Große Mauer zu besichtigen. Der Hotelbesitzer, der selbst an der Rezeption stand, riet uns strikt ab, eine Guidet Tour zu buchen. „Macht das nur nicht. So eine Tour kostet umgerechnet 75 Euro und ihr seid zeitlich gebunden. Wenn ihr euch einen privaten Führer mietet, so fährt der euch mit seinem Auto zur Mauer, erklärt und zeigt euch alles

Sehenswerte. Das kostet euch auch nicht mehr als 80 Euro. Ihr könnt euch den ganzen Tag Zeit nehmen und der Führer wartet. Soll ich das Nötige arrangieren?"

„Was meinst du?" Ich schaute meine bessere Hälfte fragend an. Alan zuckte bedauernd die Schultern. „Das kann ich dir jetzt noch nicht sagen. Möglicherweise habe ich morgen einen Geschäftstermin. Das entscheidet sich am späten Nachmittag oder Abend. Aber wenn du allein fahren möchtest, so machen wir das jetzt fest. Ansonsten warten wir bis nachher." Einen Augenblick zögerte ich, doch eigentlich wollte ich die Chinesische Mauer viel lieber mit Alan zusammen besichtigen. „Weißt du was, wenn es sich so ergibt, dann fahren wir zusammen hin. Wenn dir der Termin dazwischen kommt, so besuchen wir die Mauer beim nächsten Chinabesuch."

Doch jetzt war erst einmal die Verbotene Stadt angesagt, welche im Herzen Pekings liegt. 1420 vollendet, diente sie von 1429 bis 1911 den 24 Ming und Qing Kaisern als Residenz. Dieser prachtvolle Gebäudekomplex erschlägt den Besucher schier mit seiner Größe und Vielfalt. Über den ca. 50 Meter breiten Wassergraben spannen sich verzierte Brücken mit großen Toren. Wir hatten uns vorgenommen, keine Guidet Tour zu machen, sondern uns einfach treiben zu lassen. So verbummelten wir den ganzen Tag und bestaunten prächtige, hölzerne Paläste, die vorwiegend in leuchtendem rot gestrichen und reich bemalt sind und herrlich verzierte Dächer haben. Kleine, verwinkelte Höfe wechseln sich mit größeren Plätzen ab. Der ganze Komplex zeichnet sich durch eine strenge Symmetrie aus, denn alle wichtigen Paläste liegen auf der Zentralachse, die in Nord/Südrichtung verläuft. Es gibt einen Außenhof mit den drei großen Hallen der Höchsten, der Vollkommenen und der Erhaltung der Harmonie, um nur einige zu nennen. Im Innenhof befinden sich Paläste und die Halle der Berührung von Himmel und Erde. Das alles ist viel zu unglaublich, um es an einem einzigen Tag vollständig zu besichtigen und so beschlossen wir, den Tag mit der Besichtigung des Tian-anmen Platzes zu beenden. Auf dieser riesigen Betonfläche sollen tatsächlich eine Million Menschen Platz haben. Während der Qian Dynastie angelegt, wurde der Platz des Himmlischen Friedens 1958 auf seine heutige Größe erweitert. Den Namen erhielt er durch das Tor des Himmlischen Friedens, dem südlichen Eingangstor zur Verbotenen Stadt. In Zentrum des Platzes befindet sich das Mausoleum, in dem sich der einbalsamierte Körper von Mao Tse-Tung befindet. Hier stehen unzählige Menschen Schlange, um einen Blick auf den ausgestellten Leichnam Maos zu werfen. Traurige Berühmtheit erhielt der Platz des Himmlischen Friedens durch das Massaker im Jahre 1989. Sicherlich ist der Platz beeindruckend, doch kann ich mit Monumenten wie dem „Denkmal für die Helden des Volkes", welches sich dort befindet, nur wenig anfangen. Auch das Chinesische Nationalmuseum und die Halle des Volkes, in welcher der Chinesische Volkskongresskongress tagt, begrenzen den Platz.

Nach diesem tollen, interessanten aber anstrengenden Tag freute ich mich einfach auf meine Dusche und ein stinknormales Dinner, doch hatte meine bessere Hälfte andere Pläne.

„Tut mir leid, dass sich jetzt alles ganz anders ergeben hat. Ich weiß, dass du lieber in aller Ruhe relaxed hättest." Alan zuckte bedauernd mit den Schultern. „Aber Eric, der Gastgeber, wird dir gefallen, er ist völlig pflegeleicht."

Alan hatte kurzfristig für den Abend eine Einladung zu einem Essen angenommen und erklärte nun, was auf mich zukommen würde.

„Es kommen noch vier Herren dazu, die allerdings nur chinesisch sprechen, sodass du es in erster Linie mit Eric zu tun hast. Bitte versteh mich nicht falsch, wenn ich dir noch einen Rat gebe: Wenn es irgendwie geht, solltest du dir nicht die Nase putzen, denn das ist, chinesisch gesehen, sehr unhöflich. Rülpsen, spucken, sich in den Zähnen herumpopeln, das ist in Ordnung. Auch die Nase hochziehen ist erlaubt, aber nicht die Nase zu putzen."

„Nachtigall ick hör dir trapsen!", jetzt dämmerte es mir. „Herr Lee, der Fahrer in Hebi, hat ständig und laut die Nase hochgezogen. Ich habe gedacht, er hätte vielleicht kein Taschentuch. Dann ist es ja gut, dass ich mich nicht getraut habe, ihm eines von mir in die Hand zu drücken."

Wenig später stand ich zusammen mit Alan in der Lobby und sah eine menschliche Kanonenkugel auf uns zuschießen. „Der ist aber dick", entfuhr es mir. Wirklich war Eric mit Abstand der dickste Chinese, den ich bisher zu Gesicht bekommen hatte. Sein freundlich-gemütliches Gesicht glänzte vor Schweiß und das schüttere Haar klebte auf seinem runden Schädel. „Schön sie kennenzulernen", strahlte er und schüttelte mir begeistert die Hand, sodass ich nicht anders konnte, als zurückzustrahlen. Im Restaurant warteten bereits die anderen Herren, die es mit Abstand nicht mit Erics Leibesfülle aufnehmen konnten. Wieder wurden wir in ein separates Zimmer geführt, dessen Wände mit einem wunderschönen Seidenstoff bespannt waren und in dessen Mitte ein großer runder und mit Schnitzereien versehener Tisch stand, der die obligatorische drehbare Glasplatte hatte. Mir gegenüber saß ein Chinese, der eine frappierende Ähnlichkeit mit Jackie Chan hatte, allerdings als Sparversion. Am kleinen Finger seiner linken Hand prangte ein überdimensional langer Nagel. „Der lange Fingernagel weist den Typen als Boss aus", erklärte Alan. „Er muss offensichtlich nicht mehr mit den Händen arbeiten." Eric widmete sich derweilen der Speisekarte. Nach einem ausgiebigen Studium und etlichen Nachfragen mit anschließendem Palaver bestellte er, wie es sich für ihn als Gastgeber gehörte, viele einzelne Gerichte, von denen die Ersten bald serviert wurden. Eric strahlte wieder über das ganze Gesicht. „Bitte bedienen sie sich doch." Ich studierte die seltsamen Teile, die auf einer Platte vor ihr standen, und griff mit dem Stäbchen zu. „Das würde ich lieber lassen! Das sind Hühnerkrallen!" Leider kam dieser Ausruf von Alan zu spät, denn ich hatte das Teil bereits zum Mund geführt. Tatsächlich handelte es sich um den unteren Teil eines Hühnerbeines, das sich seltsam lederartig und knorpelig anfühlte. Vorsichtig nagte ich ein wenig am oberen Ende des Gebildes und legte es dann mit einem sanften Schaudern auf den Teller. Jackie Chan pfiff sich derweilen eine ganze Hühnerkralle ein und spuckte die abgelutschten Knorpelreste auf seinen Teller. Anschließend zündete er sich eine Zigarette an und zückte das Handy, um eine lautstarke Unterhaltung zu führen. Bei den nächsten undefinierbaren Gerichten fragte ich den Gastgeber vorsichtshalber immer nach dem Teil des Tieres und der weiteren Zusammensetzung, was diesen zu amüsieren schien. Bereitwillig erklärte er die verschiedenen Speisen und forderte mich auf von diesem oder jenem zu probieren. Allerdings blieben die Hühnerkrallen das Einzige, nach westlichen Maßstäben, ekelige Gericht. Alles andere war delikat und schmackhaft zubereitet. Während des Essens zog Schmalspur Jackie meine Blicke immer wieder magisch an, denn er rülpste mehrfach laut, schmatzte genüsslich vor sich hin. zog ununterbrochen die Nase hoch und popelte mit seinem megalangen Fingernagel in seinem Ohr herum.

„Sei froh, dass hier kein Spucknapf steht, wie es in anderen Lokalen häufig der Fall ist, der Typ würde auch noch in den Napf sabbern", erklärte Alan grinsend.

„Naja, andere Länder, andere Sitten." Ich hatte ja schon vor längerer Zeit beschlossen, mich zumindest bei dieser Reise über nichts zu wundern

Am nächsten Vormittag hatte Alan tatsächlich einen Geschäftstermin, sodass ich mir die Zeit vertrieb, indem ich noch einmal durch die Fußgängerzone bummelte. Bei einem Kaffee in einem der Getränkehäuschen ließ ich die überwältigenden Eindrücke Revue passieren. Natürlich war es bedauerlich, die Große Mauer nicht gesehen zu haben, doch das würde ein Anlass sein, um dieses wundervolle, seltsame und so fremde Land noch einmal zu besuchen. Nachdem Alan seinen Termin hinter sich gebracht hatte, ging es zum Flughafen und auch der Pekinger Taxifahrer erwies sich als verhinderter Formel 1 Pilot. Er schlängelte sich zwischen den langsameren Lastwagen und Bussen durch, preschte mit einem Affenzahn durch Baustellen, nahm scheinbar alle Fahrradfahrer aufs Korn, um sie anschließend gekonnt zu umfahren. Zudem schien er die Flughafenauffahrt für eine Art Absprungrampe zu halten. Durchgeschüttelt und mit dem Gefühl mich gleich übergeben zu müssen stieg ich schließlich aus. Alan schaute mich prüfend an: „Was denkst du, würdest du mich noch einmal nach China begleiten, trotz Fischgräte, Koma saufen, Fußfolterungen, merkwürdigem Essen und als Taxifahrer getarnte Selbstmordkandidaten?" Ich schluckte einmal trocken und atmete tief durch: „Ich MUSS noch einmal hier hin zurück, denn ich habe mir fest vorgenommen, einmal von der chinesischen Mauer zu spucken. Und dich, mein Lieber, brauche ich dazu, um schmiere zu stehen ..."

Schussfahrt

„Ich möchte gern für eine Woche entspannen. Was hältst du davon, in den Skiurlaub zu fahren?", fragte Alan.

„So, so, entspannen. Aber du kannst dich an unseren Winterurlaub im Zillertal erinnern, nicht wahr? Und auch an meine kurze, aber aufregende Karriere als weltbeste Skifahrerin?" Alan grinste. „Das Gesicht des Skilehrers, als du ihm die Bretter vor die Füße geknallt hast, werde ich niemals vergessen." Die Erinnerung ließ auch mich schmunzeln. „Ich hatte viel Geld für diesen Skikurs bezahlt, da musste ich mich nicht von einem Jungspund niedermachen lassen, weil ich nicht perfekt auf den Brettern stand. Das sollte er mir beibringen."

„Du hast es ihm klar gemacht", erwiderte Alan trocken. „Aber du solltest es noch einmal versuchen. Auf dem Feldberg geht es beschaulich zu, dort könntest du in aller Ruhe von vorne anfangen. Vielleicht bekommst du Spaß am Skifahren und wir können zusammen ein paar Touren machen. Nur ganz leichte Pisten." Mein Liebster hatte wohl meinen skeptischen Blick bemerkt.

„Na gut, überredet. Aber wenn's mit dem Skifahren nicht klappt, dann mache ich es mir gemütlich und du kannst allein fahren."

„Grüß Gott, ich bin Toni", der Vertrauen erweckende Naturbursche schaute den Neulingen im Anfängerkurs fest und überzeugend in die Augen. „Wir werden ein prima Team sein. Wenn der Kursus zu Ende ist, fahrt ihr wie die Weltmeister." Na dann, ich beschloss alles zu geben, denn der Skilehrer war mir wirklich sympathisch. „Auf geht's", mit diesen Worten dirigierte uns Toni zum Babylift.

Ich hielt mich tapfer, konnte schon den Schneepflug und stellte mich nicht dämlicher an, als meine Mitstreiter. Toni strahlte Wohlwollen aus, lobte auch die kleinste Kleinigkeit, ließ sich durch nichts erschüttern.

Bis...

Wieder hatte ich die Abfahrt gewagt, ergriff entschlossen das rotierende Seil des Babyliftes, um mich in schwindelerregende Höhen schleppen zu lassen, als das Unglück geschah: Ich blieb mit meinem Fausthandschuh am Seil hängen, kam zu Fall und wurde ein Stück weit mitgeschleift. Verzweifelt versuchte ich mich zu befreien und gleichzeitig meinen Handschuh zu retten. Doch ich hing hoffnungslos fest, rutschte auf dem Po immer näher auf die Zugmaschine des Liftes zu. Toni half mir aus der Misere, indem er mit einem kräftigen Ruck an meinem Arm zog, was die Hand aus dem Handschuh rutschen ließ. Das Teil, immer noch hoffnungslos mit dem Stahlseil des Liftes verpusselt, drehte eine Ehrenrunde und kam in ziemlich lädiertem Zustand wieder an mir vorbeigesegelt. Toni befreite den bedauernswerten Handschuh, drehte ihn hin und her und grinste mich aufmunternd an. „Mädel, deine Handschuhe sind klasse, aber vielleicht könntest du morgen mit einem Paar auflaufen, das sich zum Skifahren eignet?"

„Na, wie war der erste Tag? Lebt der Skilehrer noch oder hat er sich vor lauter Verzweiflung in eine Lawine gestürzt?" Ich maß meine bessere Hälfte mit einem hochmütigen Blick. „Der Skilehrer, hat mein Talent besonders gelobt. Ich brauche neue Handschuhe, weil meine nicht so gut sind, meint Toni." Alan grinste gemein. „Ja, ich habe aus der Ferne gesehen, dass jemand aus deiner Gruppe sich

hoffnungslos im Babylift verkeilt hatte. Natürlich nicht du, oder?" Ich ließ mir die Niederla-
ge nicht anmerken. „Natürlich nicht! Aber
damit mir nicht etwas Ähnliches passiert,
brauche ich neue Handschuhe."

Heute war unsere sowieso überschaubare
Gruppe um die Hälfte geschrumpft, was nichts
anderes bedeutete, als dass Linda, eine füllige,
immer gut gelaunte Brasilianerin und ich allein vor Toni standen. „Die Anderen haben
aufgegeben, aber wir machen weiter", erklärte
er. „Auf geht's! Heute üben wir die richtige
Abfahrt."
Linda sah erst ihn und dann mich fragend an.
Offensichtlich hatte sie kein Wort verstanden.
Toni erklärte ihr alles noch einmal mit Händen
und Füßen, anschließend wandte er sich an
mich: „Pass auf: Wir fahren jetzt mit dem Skilift, aber nicht bis ganz oben. An der Hütt`n
müsst ihr aussteigen. Du fährst zusammen mit
Linda und sagst ihr Bescheid, ich komme
nach." „An der Hütte?", fragte ich etwas
dümmlich. Wie immer strahlte Toni Optimis-
mus aus. „Ja, nicht bis ganz oben. Du wirst
schon sehen. Jetzt hopp, ab in den Lift." So
hopsten Linda und ich zusammen auf die Vorrichtung, die uns den Berg hinaufziehen sollte.
Während ich mich bemühte, die ominöse
Hütt'n zu entdecken, zwitscherte meine Lift-
partnerin vergnügt los. Ich hörte mit halbem
Ohr zu, verstand Lindas charmantes, aber

ziemlich konfuses Deutsch nicht wirklich. Plötzlich erstarrte ich. Neben der Piste stand tatsächlich eine kleine Hütte, doch der vermaledeite Skilift dachte gar nicht daran, das Tempo zu drosseln. Aufgeregt schubste ich Linda an. „Da ist die Hütte! Wir müssen hier aussteigen!" Dieses Mal schien sie mich verstanden zu haben. Wir stürzten uns todesmutig in den Schnee, während der Skilift munter weiter den Berg hinauf fuhr und die Mitreisenden uns verwundert musterten.

Wenig später stand ein erstaunter Toni neben uns. „Was macht ihr denn? Ich habe doch gesagt, ihr sollt an der Hütt'n aussteigen." Ich deutete entrüstet auf die kleine Hütte. „Ja, was ist das denn da?" Toni grinste. „Das ist ein Geräteschuppen, ich habe eigentlich das Restaurant oben gemeint. Ist aber nicht so schlimm, wir fahren einfach von hier aus runter."

Alles in allem wurde es ein schöner Tag, Toni bemühte sich redlich Linda und mir die Grundlagen des Skifahrens beizubringen. An einem besonders steilen Hang, der uns ängstlich zögern ließ, fuhr er, die Hände zu einem Trichter geformt, neben uns her. „Du schaffst es, nur Mut", dröhnte er, während auf der anderen Seite ein ca. 6-jähriger Junge grinsend an uns vorbeiraste. Am Ende des Tages verabschiedeten wir uns von unserem nur wenig genervten Skilehrer und verabredeten uns für den nächsten Vormittag, um die neu erworbenen Kenntnisse zu vertiefen.

„Grüß Gott." Toni schien sich über Nacht regeneriert zu haben, was ich für mich nicht sagen konnte. Ein tierischer Muskelkater zwickte an Stellen, an denen ich gar keine Muskeln vermutet hatte. Linda schien es ähnlich zu gehen, denn sie ließ sich an diesem Morgen nicht blicken. „Wollen wir?", aufmunternd schaute der Skilehrer mich an und wies in Richtung Lift. „Aber nicht wieder am Geräteschuppen abspringen!"

An der richtigen Hütt'n angekommen ging es direkt auf die Piste. "Verlass dich ganz auf dein Gefühl", rief mir Toni zu und grinste optimistisch. "Du kannst es, wenn du nur willst", fügte er nach einem kurzen Zögern hinzu. Ja nun, wenn der Skilehrer so sehr an mich glaubte, so würde ich mich beherzt an die Abfahrt machen. Ich stieß mich entschlossen ab und kam sofort ins Rutschen, erst langsam, dann immer schneller. Das war gar nicht so schwierig. Ich fühlte mich reif für die Streif und ließ den wild gestikulierenden Toni mühelos hinter mir zurück. Mit jedem gefahrenen Meter nahm ich mehr Speed auf. Nach und nach machte sich ein mulmiges Gefühl breit, denn so schnell wollte ich auch wieder nicht abwärts fahren. Um etwas langsamer zu werden, versuchte ich, die unendliche Male geübten, weiten Bögen zu fahren, was mir trotz aller Mühe nicht gelang. Meine Beine schienen ein Eigenleben zu führen, sie widersetzten sich allen Befehlen des Gehirns. "Pflugbogen", hörte ich Toni hinter mir brüllen, wagte es jedoch nicht, über die Schulter zu gucken. Was meinte er denn jetzt damit? Vielleicht einen Schneepflug? 'Der ist ja lustig', schoss es mir durch den Kopf. Wenn ich die Skier schon nicht in Position für einen Bogen bekam, wie sollte ich sie quer zu einander stellen, um abzubremsen? Ein Blick voraus ließ mich erstarren, was die Skier nicht dran hinderte, weiter mit mir bergab zu sausen. Voraus, mitten auf der Piste, ragten groß und rammbockartig einige Tannen auf.

In lebensbedrohlichen Situationen sieht man sein gesamtes Leben an sich vorbeiziehen, jedenfalls hatte ich das öfter gehört. Jetzt war ein solcher Moment gekommen. Die Zeit verlangsamte sich, alles schien in Zeitlupe zu geschehen. Ich sauste weiter auf das dunkle, gewaltige Ausmaße annehmende Bollwerk zu, hielt mich zwar aufrecht, war jedoch nicht mehr Frau meiner Gliedmaßen. Doch statt eine liebliche Stimme zu hören, die verlockend 'Angie, komm ins Licht' rief, sah ich mich lediglich, alle Viere von mir gestreckt, an dem dicken, schwarzen Stamm einer der Tannen kleben. In letzter Sekunde erwachte mein Schutzengel aus seiner kältebedingten Lethargie, setzte mein körpereigenes ABS in Gang, was mich auf den Allerwertesten plumpsen ließ. Ich schlitterte noch eine Weile weiter, um in einer ziemlich feuchten Schneewehe zu landen. Als ich wieder einigermaßen sehen konnte, stand Toni mit zuckenden Mundwinkeln neben mir. „Donnerwetter", sagte er. „Du hast zwar wenig Talent zum Skifahren, aber wenigstens bist du völlig angstfrei."

„Sag mal, Schnucky, heute Vormittag gab es ein mittelschweres Erdbeben auf der Piste und ein Kugelblitz ist in einer riesigen Schneewolke an mir vorbei gedonnert! Kann es sein, dass du etwas damit zu tun hast?" Auch Alans Mundwinkel zuckten verdächtig. Ich lächelte ihn zuckersüß an. „Toni, der nette Skilehrer, hat meine Unerschrockenheit sehr gelobt. Doch er meint, ich solle aus Rücksicht auf mich und meine Umwelt lieber mal mit dem Skilanglauf beginnen ...“

Kaffeefahrt auf Türkisch

„Türkeirundreise zum Schnäppchenpreis – wer kann dazu schon ‚Nein' sagen ...“

So stand es vollmundig in dem Reiseprospekt, den ich in Händen hielt. Warum eigentlich nicht? Wir waren schon länger nicht mehr unterwegs gewesen und das Angebot klang verlockend. Der Besuch einer Teppichknüpferei schien zwar ein fester Bestandteil der Reise zu sein, aber auch das klang recht interessant.

Ansonsten wurden nur noch ,gute Shopping-möglichkeiten für Schmuck- und Lederwaren' angepriesen, ,für deren exzellentes Preis/Leistungsverhältnis die Türkei bekannt ist'. Das klang fair und es würde ja wohl kein Kaufzwang bestehen. Hinzu kam, dass ich das graue Novemberwetter gründlich satt hatte. Kurz entschlossen warf ich meinen Computer an, um die Reise zu buchen.

Eins

Ein paar Wochen später wurden wir am Flug-hafen von Antalya von einem Reiseleiter in Empfang genommen und in einen Bus gelotst, in dem schon einige Gäste saßen. „Hallo, ich bin Murat Kerim, euer Reiseleiter für die nächste Woche. Also stellt euch lieber gut mit mir", ertönte es durch den Lautsprecher. Das klang irgendwie bedrohlich, zumal Murat Kerim bei diesem Kommentar lächelte, wobei er mich an einen Barrakuda erinnerte. Ich rief mich zur Ordnung. Scheinbar spielte meine Fantasie wieder einmal verrückt.

„Der Typ erinnert mich an einen Fisch, ich komme bloß nicht auf den Namen", raunte mein Liebster.

„Barrakuda?"

„Ge-nau! Du sagst es!"

Während des Transfers nach Kemer bekamen wir von unserem fischigen Reiseleiter genaue Anweisungen: „Morgen früh ist die Orientie-rungsfahrt. Eine Stunde vorher findet ihr euch alle in der Lobby des Hotels ein, dort gibt es einen Begrüßungsdrink. Ich stelle euch dann das Programm vor. Ich erwarte euch vollzählig", und mit einem ernsten Blick: „Schließlich werden wir eine Woche zusammen sein!"

Alan zerstreute alle meine Bedenken. „Was du dir mal wieder einbildest. Der Reiseleiter ist bestimmt nett. Für sein Aussehen kann der arme Kerl nichts. Übrigens hast du diese Reise selbst gebucht."

Zwei

So fanden wir uns am nächsten Morgen guten Mutes in der Lobby ein, wo wir schon erwartet wurden. Zu Murat Barrakuda hatten sich zwei Herren gesellt, die ihren Blick bedeutungsschwanger über unsere Gruppe schweifen ließen. Ansonsten blieben sie stumm und ließen den Reiseleiter arbeiten. Der legte sich ordentlich ins Zeug. Da die Reise nur mit Halbpension gebucht war, bot er wortreich ein zusätzliches Mittagessen an. „Schließlich sind wir sehr viel im Bus unterwegs. Es gibt sonst keine Gelegenheit sich mittags anderweitig zu verpflegen." Er war geschäftstüchtig, das musste man ihm lassen. Fast alle Mitreisenden nahmen das ‚unglaublich günstige Angebot' an, so auch Alan und ich. Die Widerspenstigen streifte Murat mit einem verächtlichen Blick. „Wir werden sehen", murmelte er bedrohlich, um gleich wieder umzuschalten und wortreich für einen türkischen Abend zu werben. Selbst die Essensverweigerer trauten sich nicht noch einmal aufzubegehren und so buchte die Gruppe geschlossen dieses Highlight.

Anschließend ging es auf die Orientierungsfahrt durch Kemer und die nähere Umgebung, wobei sich unser Reiseleiter als ausgesprochener Gartenfreak outete. Überall am Straßenrand standen kleine Gewächshäuser, teils aus Kunststoff, teils aus Glas. Murat machte uns auf jedes einzelne aufmerksam, ansonsten hatte er nicht viel zu erzählen. Gegen Mittag steuerte der Bus ein Restaurant an, in dem wir zum ersten Mal das Mittagessen einnehmen sollten. Die Verweigerer verscheuchte unser Reiseleiter mit einem ungeduldigen Handwedeln. Sie trollten sich in eine andere Richtung. „Du meine Güte, die Leute lassen sich ganz schön was gefallen." Alan zeigte sich verblüfft. Das anschließende Essen erwies sich als wirklich gut, wobei Murat aufs Feinste verköstigt wurde.

Gesättigt und zufrieden ging es weiter, um bald darauf eine Lederwarenfabrik mit großer Verkaufshalle zu besuchen. Alan murrte, schlenderte aber doch mit mir durch die Reihen mit den verschiedensten Angeboten, wobei er sich durchaus zufrieden zeigte, dass ich mich nicht für die angebotenen Modelle erwärmen konnte. Mit dem Besuch einer wunderschönen kleinen Moschee endete unser Urlaubstag.

Drei

Der nächste Morgen begann früh, schließlich musste der Koffer wieder gepackt werden, denn es ging in Richtung Pamukkale, wo wir auch übernachten würden. Durch die Taurusberge und eine eindrucksvolle Seenlandschaft erreichten wir gegen Mittag das schon von weitem glimmernde Naturwunder. Natürlich ging es zunächst erst einmal zum Mittagessen. Alan brummelte: „Diese Türken denken wirklich nur an das Eine, essen ohne Ende", um beim anschließenden Mahl einen gesunden Appetit zu entwickeln. Wieder wurden die Verweigerer unwirsch aus dem Restaurant gewiesen. „Ihr könnt in einer Stunde wieder hier sei", teile Murat ihnen lakonisch mit. Nach dem Essen und dem Einchecken im Hotel ging es über die alte Römerstraße zu den Ruinen der antiken Kurstadt Hierapolis. Rechts und links säumen römische Gräberfelder die Straße und wir versuchten hier und dort die Inschriften zu entziffern. Durch das recht gut erhaltene Stadttor gelangt man in die Ruinenstadt und weiter zum Amphitheater, welches weitgehend restauriert worden ist. Während Alan auf den terrassenförmig angelegten Sitzplätzen herumkletterte, erklomm ich die oberste Sitzreihe und schaute mir das Theater aus der Vogelperspektive an. Einen Augenblick wurde es ganz still um mich herum, fast sah ich die antiken Akteure auf der Bühne tief unter mir.

„Schatz, du guckst so komisch, ist dir nicht gut?" Besorgt beugte sich Alan über mich. „Doch sicher, ein bisschen schwindelig, das ist alles." Die Wirklichkeit hatte mich wieder.

„Dann lass uns jetzt zu den Terrassen gehen." Die Kalksteinterrassen befinden sich direkt hinter der verfallenen Stadt. Sie sind ein wirkliches Erlebnis. Wie ein breiter Wasserfall wirken die in der Sonne glitzernden, kaskadenartig abfallenden Sinterterrassen. Der Eispalast der Schneekönigin muss genau so aussehen. Wir zogen die Schuhe und Strümpfe aus und schlenderten barfuss über das große Plateau, das von einem kleinen, einer Thermalquelle entsprungenen Wasserlauf durchschnitten wird. „Pamukkale heißt Baumwollberg, aber ich finde, dass es eher wie eine Eisfläche aussieht", klärte Alan mich auf. Mit einem Blick auf die Uhr meinte er: „Ich denke wir sollten jetzt zurückgehen, der Bus wartet sicher schon." Bedauernd nahmen wir Abschied von dem glitzernden Naturwunder.

Später, nach einem Bad im Thermalswimmingpool des Hotels stellte Alan fest: „Allein der heutige Tag hat die Reise lohnenswert gemacht. Trotz Barrakuda Reiseleiter und Verkaufsveranstaltungen."

Vier

Heute stand der schon im Katalog beschriebene Besuch in einer Teppichknüpferei auf dem Programm. Zu diesem Anlass hatte der Reiseleiter offensichtlich beschlossen witzig zu sein, machte einen Joke nach dem anderen. Allerdings hatten seine Witze alle einen ziemlich langen Bart.

Nach der Ankunft und dem obligatorischen Tee führte ein distinguierter Herr durch die Knüpferei und erläuterte die einzelnen Arbeitsgänge. Dann allerdings kam er ziemlich schnell zum Sinn der Veranstaltung. Die Reisegruppe wurde in einem großen Raum untergebracht. Hier führte man Teppiche in allen Variationen vor. „Fühlen sie, das ist eine sehr gute Qualität", rief der Verkäufer jedes Mal enthusiastisch aus. Endlich war die Vorführung beendet, der Verkäufer schaute erwartungsvoll in die Runde. Der eine oder andere Reisende hatte Interesse bekundet. Diese Leute wurden jetzt in separate Räume geführt um in intensivere Verkaufsverhandlungen zu gehen. Ich schaute meinen Liebsten an. „Oh nein, heute nicht", aber der Ausruf kam zu spät. Grinsend wandte er sich an einen Verkäufer. „Was kostet denn dieser tolle Teppich?" Das Stück sah wirklich gut aus, das musste ichzugeben. Der Verkäufer taxierte uns abschätzend. „Darum kümmert sich mein Kollege", mit diesen Worten buxierte er uns in ein kleines Nebenzimmer, in das uns ein Mann mit dem bewussten Teppich folgte. Auch er schien uns, bzw. unsere Kaufkraft abzuschätzen. „Sie haben einen wunderbaren Geschmack, das ist ein erlesenes Stück", erklärte er bestimmt. Alan musterte ihn leicht belustigt. „Was kostet er?"

„Fühlen sie nur, welch gute Qualität!"

„Ja, aber wie teuer ist das gute Stück!"

„Ich mag sie, für sie gibt es einen Sonderpreis!"

Langsam bekam auch ich Lust an dem Spiel. „Alan, Schatz, dieser Teppich ist wirklich schön."

„Ihre Frau möchte den Teppich haben", dieser Verkäufer erzählte alles, nur nicht den Preis. Alan ging in die Offensive. „Jetzt mal Butter bei die Fische: WAS KOSTET DAS STÜCKCHEN TEPPICH?" Der Verkäufer ließ sich nicht aus der Ruhe bringen. Er lächelte breit, holte tief Luft und faselte weiter. „Wieso Fische? Egal, wie ich bereits sagte, mache ich ihnen einen Sonderpreis." Alan fasste mich an den Arm. „Komm, mein Schatz, das wird mir zu mühsam."

„Zweitausendsechshunderteuro isteinSonderpreis!"

Alan stand wie vom Donner gerührt. „Ich habe sie nicht richtig verstanden!"

„Zweitausendundsechshundert Euro, aber das ist wirklich sehr billig, bei dieser Qualität." Wortlos verließen wir das Zimmer, den Verkäufer auf den Ferse. „Ist das zu teuer? Na gut, zweitausend Euro, mein letzter Preis." Alan würdigte ihn keines Blickes, was den guten Mann dazu veranlasste, um uns herumzuwuseln und sich direkt vor uns aufzubauen. „Ich mag sie, ich habe einen Bruder in Deutschland. Mein letztes Angebot: eintausendundsechshundert Euro." Irgendwie wirkte der Verkäufer jetzt verzweifelt, denn er hatte uns völlig falsch eingeschätzt. Alan blieb stehen. „Okay, mein letztes Angebot: Ich gebe ihnen 500 Euro für den Lappen!" Der Teppichhändler klappte den Mund auf und wieder zu, bedachte uns mit einem Blick der Verachtung und drehte sich wortlos um. Irgendwie verstand ich ihn. Alan grinste über das ganze Gesicht. „Geht doch!"

Auf der Fahrt zurück zum Hotel schien Murat nicht zufrieden mit seiner Gruppe zu sein. Er gab sich wortkarg und erzählte keine alten Witze. Scheinbar hatte er sich einen höheren Teppichverkauf und damit eine entsprechende Provision ausgerechnet.

Fünf

„Heute ist die Antalya-Stadtrundfahrt angesagt und der Besuch des orientalischen Basars, aber vorher schauen wir bei einem Juwelier vorbei. Dort gibt es alles sehr, sehr günstig", Murat Barrakuda gab nicht auf.

„Wehe du veräppelst die Verkäufer dort auch so wie bei den Teppichen!"

Alan schaute ganz unschuldig drein. „Wie kommst du denn auf die Idee, für 500 Euro hätte ich den Teppich doch gekauft."

Das Juweliergeschäft erwies sich als eine große Halle, in der verschiedene Verkaufstische standen. Zahlreiche Verkäufer schwärmten aus und sprachen die potenziellen Kunden pausenlos an. „Hier ist alles ganz billig!" „Ich mache Sonderpreise!" „Nur für sie, Rabatte ohne Ende!" Nachdem mich der dritte Verkäufer genervt hatte, konnte ich nicht mehr an mich halten und herrschte ihn wütend an. „Wie soll ich mir in Ruhe etwas anschauen, wenn mir ständig jemand dazwischen quatscht. Jetzt lassen sie mich gefälligst in Ruhe." Der so Gescholtene stutze einen Moment, bedachte Alan eines mitleidigen Blickes Marke „der arme Mann muss sich immer mit dieser Xanthippe herumschlagen" und lief mit drei Schritten Entfernung hinter uns her.

„Was hältst du von dieser Kette, Schatz?"

„Sie ist toll, Alan, aber guck nicht so interessiert, sonst stürzt sich der Geier wieder auf uns." Wirklich befand sich in der Auslage eine wunderschöne Perlenschnur. die auch mir sofort ins Auge gefallen war. Bedauernd warf ich einen letzten Blick auf das edle Teil; diese Kette war sicherlich sündhaft teuer, trotz aller türkischen Rabatte.

Dieses Mal schien Murat Reiseleiter zufrieden zu sein, denn als er uns zum Mittagessen führte wirkte er fast heiter. Großmütig ließ er die Verweigerer das Restaurant betreten. „Ihr könnt euch da hinten in die Ecke setzen, ihr esst ja nichts!" Es ist erstaunlich, was sich die Leute alles gefallen lassen, da konnte ich Alan nur zustimmen.

Nach dem Mittag ging es dann endlich auf den Basar, nicht ohne vorher einen Verkaufsladen für Alabaster zu besuchen. Hier gab es wirklich schöne Stücke, die allerdings zu einem völlig überzogenen Preis angeboten wurden. Das war verständlich, denn Murats Provision musste ja auch bezahlt werden … Der Basarbesuch, der Ausblick auf den alten Hafen und die malerische Altstadt von Antalya mit ihren lebhaften Gassen und ihrem typisch orientalischen Flair versöhnten uns ein wenig mit den ständigen Verkaufsveranstaltungen. Nach einem Besuch des recht eindrucksvollen Alexander-Wasserfalls ging es zurück zum Hotel, wo die Zeit noch zu einem Bad im Mittelmeer reichte, was im November ja wirklich nicht selbstverständlich ist.

Sechs

„Das kann nicht sein, heute will uns keiner was verkaufen", wunderte sich Alan. Wie aufs Stichwort baute sich der Barkeeper vor uns auf und flüsterte verschwörerisch: „Wenn ihr ne Lederjacke braucht, oder eine Armbanduhr … ich hätte da jemanden."

Alan musterte mich belustigt und winkte ab.

Wenigstens hatten wir alle Verkaufsveranstaltungen hinter uns gebracht und konnten die letzten Tage des Urlaubs einfach genießen. Heute ging es zum ‚Türkischen Abend'. Dort würde wohl nichts verhökert werden, das hoffte ich zumindest.

„Fertig?" ‚auffordernd schaute ich meinen trö-delnden Ehemann an. „Ja schon", erwiderte der gedehnt. „Aber du bist noch nicht fertig." Er stellte sich hinter mich und näselte etwas aus der Jackentasche. Ich glaubte meinen Augen nicht zu trauen, denn er legte mir die wunderschöne Perlenschnur um, die uns beiden beim Juwelier aufgefallen war. „So, jetzt können wir gehen", meinte Alan zufrieden.

„Ihr setzt euch am Besten ganz vorne an die Bühne", Murat ließ wieder sein Barrakudalä-cheln aufblitzen. „Da habt ihr die beste Sicht!" Eine für orientalische Verhältnisse erstaunlich schlanke Bauchtänzerin eröffnete das Programm. Ihr folgte, zur allgemeinen Erheiterung, ein äußerst schwuler Bauchtänzer. Das Programm zog sich hin. Eine Tanzgruppe und noch eine, dieses Mal fülligere Bauchtänzerin. Dann betrat die Attraktion des Abends die Bühne: eine Gruppe von mehreren Männern und Frauen in malerischen Kostümen, die einen wilden Tanz begannen. Während dessen schwärmten einige Männer der Tanzgruppe aus. Ich staunte nicht schlecht, als sich zwei von ihnen neben meinem Stuhl aufbauten und mich auf die Bühne baten. Mit mir kam noch eine andere Zuschauerin. Man drückte uns ziemlich große Messer in die Hand und bedeutete uns anschließend, diese auf ein am Boden liegendes Mitglied der Gruppe zu werfen, das sich eine Holzplatte vor die Brust hielt. Meine Mitwerferin zögerte und so zuckte ich die

Schultern. „Selbst Schuld" ‚mit diesen Worten kniff ich die Augen zu und warf das Messer, welches zitternd im Holz stecken blieb. „Das wollte ich immer schon mal versuchen!"

Der Mann blieb einen Moment lang still liegen und stand dann schnell auf. Scheinbar weigerten sich die meisten Touristinnen, mit Messern um sich zu werfen. Er hatte heute eine neue Erfahrung gemacht.

„Das war's wohl?", grinsend wollte ich die Bühne verlassen, wurde aber von einigen Damen der Tanzgruppe zurückgehalten. Ehe ich mich versah, hatte mich mein ‚Opfer' in den Arm genommen und wirbelte mich lachend im Kreis herum. Anschließend bedeutete er mir, mich in der gleichen Stellung hinzulegen, in der er zuvor gewesen war. „Pah, du denkst wohl ich bin feige", sagte ich verwegen und legte mich hin. Der Messerwerfer platzierte die Holzplatte auf meiner Brust. Ein Blick zu unserem Tisch: Alan befand sich nicht mehr an seinem Platz. Er stand dicht vor der Bühne. „Schatz, ehe er anfängt solltest du mir lieber den Zimmerschlüssel, das Bargeld und den Autoschlüssel geben!" Das konnte ja nur von ihm kommen.

„Hey – und ich dachte du rettest mich!"

Das Publikum wieherte vor Lachen und der Messerwerfer grinste breit über das ganze Gesicht. Dann schien er sich zur Ordnung zu rufen, wurde unvermittelt ernst und ließ sich die Augen verbinden. Ein Trommelwirbel setzte ein. Ich kniff vorsichtshalber die Augen zu - um sie sofort wieder aufzureißen, denn der Typ warf wirklich mit Messern nach mir. Einmal, zweimal insgesamt waren es vier Messer. Die Holzplatte wurde entfernt, ich stand erleichtert auf und verließ endgültig die Bühne.

Sieben und acht:
Die letzten Urlaubstage verliefen völlig ereignislos. Keiner versuchte, uns etwas zu verkaufen und niemand warf mit Messern auf mich. Wir fuhren nur noch einmal mit dem Bus. Das war der Transfer zum Flughafen. Nach dem Start stellen wir übereinstimmend fest: Der Kurzurlaub war nicht schlecht, das Wetter toll, das Preis-Leistungsverhältnis stimmte.
Aber die nächste Kaffeefahrt machen wir erst wieder, wenn wir im Rentenalter sind! Allerdings fahren wir dann mit dem Butterschiff nach Helgoland!

Von Ziegen und Jungfrauen

Ägina, die Pistazieninsel, liegt im Saronischen Golf. Sie ist ein beliebtes Urlaubsziel für erholungsbedürftige Festlandsgriechen. Doch so geschäftig es in der Hauptsaison ist, so beschaulich gibt sich die Insel außerhalb der Saison. Es kehrt Ruhe ein, das ländliche Leben beherrscht die Insel. Jetzt sind ausgedehnte

*Spaziergänge durch die zahlreichen Oliven-
haine zu empfehlen. Hauptausflugsziel ist der
Ahpaia Tempel, von dem aus man einen weiten
Blick über den Saronischen Golf hat.*

„Hallo, die Erde hat mich wieder. Die Wochen
auf Aegina waren traumhaft", schrieb meine
Freundin euphorisch in ihrer E-Mail. Ein Blick
aus dem Fenster reichte, um mich zu frustrie-
ren. Obwohl jetzt Hochsommer sein sollte,
zeigte sich das Wetter von seiner schlechtesten
Seite. Düstere Regenwolken verbargen die
Sonne, erstickten jedes Sommergefühl im
Keim. Das ging schon seit ein paar Wochen
so. Deprimiert las ich weiter: „Die Sonne
leuchtet dort besonders hell und die Farben
sind irgendwie intensiver. Die kleine Pension,
in die ich schon seit Jahren fahre, ist total
knuffig und die Pensionswirtin eine ausgesprochen nette Person. Renate ist aus Öster-
reich und der Liebe wegen nach Griechenland
gegangen." So ging es noch eine ganze Weile
weiter. Beim Lesen der E-Mail kam mir ein
Gedanke. Ich hatte das kleine, charmante, mitten im Saronischen Golf liegende Eiland vor
fast dreißig Jahren besucht und war total fasziniert gewesen. Damals beschloss ich die Insel
bald noch einmal zu besuchen. Leider hatte ich
diesen Vorsatz niemals in die Tat umgesetzt.
Warum also nicht jetzt? Schließlich hatte ich
in diesem Monat Geburtstag und somit einen
Wunsch frei Sobald der Entschluss einmal

gefasst war, ging alles wie von selbst. Wie sich herausstellte, vermietete die österreichische Renate Apartments und hatte passend zu meinem Geburtstag noch eine Wohnung frei.

Das seltsam schnarrende Geräusch der Zikaden weckte mich auf. Verschlafen blinzelte ich zu Alan herüber, aber der ließ sich nicht stören, murmelte „verflixte Macker", drehte sich auf die andere Seite und schnarchte weiter. Ich reckte mich zunächst erst einmal ausgiebig und ließ den gestrigen Tag Revue passieren. Es war alle reibungslos über die Bühne gegangen. Zwar landete der Flieger mit Verspätung in Athen, trotzdem erreichten wir den Hafen von Piräus passend für die letzte Fähre in Richtung Aegina, wo uns die Vermieterin bereits erwartete um uns in unser Feriendomizil, eine hübsche Miniwohnung, zu bringen.
Rundum zufrieden machten wir uns auf den Weg, um ein spätes Dinner einzunehmen. Auch hier gab es eine angenehme Überraschung: Das von Renate empfohlene Restaurant mit dem typisch griechischen Namen ‚Big Banana' erwies sich als gut und günstig; der Wirt als freundlich und zuvorkommend. Nach dem Essen lehnte sich meine bessere Hälfte zufrieden zurück. „Was hältst du von einem Absacker?", sprach`s und orderte zwei Ouzo. Ich traute meinen Augen nicht, als der Wirt mit zwei halb vollen Wassergläsern um die Ecke segelte. „Die werdet ihr brauchen",

meinte er lakonisch und stellte eine Flasche Wasser dazu. Ungläubig schaute ich mir den Mega-Drink an. „Das ist kein Ab-, sondern ein Versacker und ich kann unmöglich alles austrinken, sonst musst du mich ins Apartment tragen." Alan gab sich unbeeindruckt. „Das wäre nicht wirklich ein Problem, aber ich will mich opfern und dir den Morgen danach ersparen." Mit diesen Worten kippte das Opferlamm einen guten Teil des Inhalts meines Glases um und hatte nun ein randvolles Wasserglas mit Ouzo, den er nach und nach tapfer vernichtete.

Doch jetzt lachte die Sonne und lärmten die Zikaden. „Was meinst du mit verflixte Macker?", bat ich meinen Helden um Aufklärung und stupste ihn wach. Alan gähnte herzhaft, bevor er antwortete. „Na ja, den Krach machen die Männchen. Wer am Lautesten zirpt bekommt das dickste Weibchen. Bei denen hat sich noch nicht ´rumgesprochen, dass nur die inneren Werte zählen." Ich stupste energischer. „Bei uns Menschen ist das anders: Wer ohne zu zirpen oder zu murren Brötchen besorgt hat gewonnen." Alan grinste: „Das brauche ich nicht, ich hab ja schon das dickste Weibchen." Es ist erstaunlich, wie schnell ein Mann werden kann, wenn ihm ein Schuh hinterher fliegt!

„Alan, was machst du? Immer rennst du morgens herum", Stavros, Renates rundlicher

Mann grinste über das ganze Gesicht. Er war, wie immer, gut gelaunt. Alan pustete, denn die Temperaturen waren schon am Morgen beachtlich. Er zeigte auf die Tragetaschen, mit denen er sich abschleppte. „Meine Frau schickt mich morgens immer zur Jagd, während sie die Höhle fegt."

„Und was jagst du so?"

Ein Blick in die Tüten: „Brötchen, Käse, Weintrauben …"

Stavros klatschte sich gegen den Trommelbauch. „Griechische Männer schicken ihre Frauen auf die Jagd und sind trotzdem in Form."

Nach dem Frühstück bummelten wir durch unseren Urlaubsort. Das Städtchen Aghia Marina ist zwar überschaubar, aber es gibt alles, was das Herz begehrt. Ein feinkörniger Sandstrand lädt mit seinen Liegen und Sonnenschirmen zum Faulenzen und das glasklare Wasser zum Schwimmen ein. In den zahlreichen Souvenirläden gibt es neben der typisch griechischen Keramik und den auf der Insel geernteten Pistazien alles, was ein Touristenherz höher schlagen lässt und sich zu Hause, als ein Stehrümchen entpuppt. Für eine Pause nach dem Extremshopping gibt es jede Menge gemütlicher Restaurants, Bars und Cafés. Jetzt, im August waren es in der Mehrzahl Festlandsgriechen, die hier ihren Urlaub verbrachten, sich aber nicht wirklich von ausländischen Touristen unterschieden. Auch sie schlenderten von Laden zu Laden, kramten in den Auslagen und diskutierten lautstark mit den Verkäufern. Nach dem Kauf der obligatorischen Postkarten und Mitbringsel (siehe oben) ließ sich mein erschöpfter Gatte auf den Sessel in einem Straßencafé fallen. „Weiber – immer müsst ihr überall herumkramen und alles angucken. Jetzt brauche ich etwas Kaltes zu trinken, ich bin schon ganz ausgetrocknet." Während wir an unseren Getränken nippten, musizierten sich ein paar Straßenmusikanten von Tisch zu Tisch und brachten das ‚Mädchen von Piräus' zu Gehör. Alan warf eine Münze in den Sammelbecher und streckte die Beine aus. „Wenn das ein typischer Griechenlandurlaub ist, so hätte ich nichts dagegen, ihn im nächsten Jahr zu wiederholen." Unwillkürlich musste ich lachen. „Und bestimmt ist das Mädchen von Piräus auch wieder dabei. Aber jetzt hoch mit dir. Wir wollen schließlich den Jeep mieten."

Der Duft von frisch gebrühtem Kaffee weckte mich auf, ich öffnete verschlafen die Augen. Alan hielt eine Tasse Kaffee in der Hand und wedelte mir das Aroma zu. „Guten Morgen, Geburtstagskind." Richtig, heute war mein X-ter Geburtstag. Mein Liebster zwinkerte mir zu und zauberte wie aus dem Nichts ein Körbchen mit Blumen und ein Päckchen hervor, was mich verblüffte. „Wo hast du das bloß her? Hier im Ort ist doch gar kein Blumenhändler. Wieder zwinkerte Alan. „Ich muss zugeben unsere Zimmerwirtin bemüht zu haben. Aber jetzt pack erst einmal dein Geschenk aus, dann hole ich den Jeep ab und wir machen unsere Inselrundfahrt." Im selben Moment klopfte es an der Wohnungstür. Renate stand auf der Schwelle und präsentierte eine Geburtstagstorte. „Alles Gute zum Geburtstag. Du sollst doppelt so alt werden, wie du schon bist – das sagt man bei uns so", fügte sie hinzu. Ehe ich mich von meiner Sprachlosigkeit erholt hatte, war die handfeste Österreicherin schon wieder unterwegs, Alan schloss sich ihr an, um den Mietwagen abzuholen.

„Es ist unglaublich, genau so habe ich den Tempel in Erinnerung!" Wirklich hatte ich die Tempelanlage und das Heiligtum der Aphaia so in Erinnerung behalten, wie es sich uns jetzt präsentierte. „Ein erster Tempel existiert seit dem 6. Jahrhundert v.Chr. und die Legende ist total schön: Aphaia, eine Tochter des Zeus erweckte das Interesse des Minos, des Königs von Kreta. Nun er wollte, sie nicht und um ihre Jungfräulichkeit zu bewahren, floh sie auf einem Fischerboot nach Aegina."
Alan hörte mir mäßig interessiert zu. „Und sie ist bestimmt Jungfrau geblieben, was? Jetzt weiß ich auch, warum Aegina die Ziegeninsel heißt." Männer! Ich wandte mich ab um die atemberaubende Aussicht auf den Sardonischen Golf zu genießen, der heute glatt wie ein

Spiegel war. Von hier konnte man sogar die Meerenge von Salamis sehen.

Fast meinte ich die riesige persische Flotte zu erblicken. Ihr gegenüber die griechischen Trieren mit dem Rücken zur Wand, um alles oder nichts kämpfend. Verzweifelt versuchend, den übermächtigen Feind tiefer in die Meerenge zu locken, um so den Vorteil der kleineren, wendigeren Schiffe auszunutzen. Ein Kampf David gegen Goliath, den einmal mehr der vermeintlich Unterlegene gewann. Fast konnte ich den Schlachtenlärm hören, den fassungslosen Perserkönig Xerxes sehen, der vom Ufer aus die Vernichtung seiner Flotte mit ansehen musste...

„Bei so viel Wasser bekomme ich Durst, lass uns in der kleinen Taverne einkehren, die es hier gibt." Männer sind pragmatisch und Alan ist ein typisches Exemplar der Gattung. Mit einem Ruck brachte er mich in die Wirklichkeit zurück. Statt des Schlachtenlärmes hörte ich wieder das allgegenwärtige Zirpen der Zikaden, das Wasser des Sardonischen Golfes glänzte weiterhin spiegelglatt in der Sonne, kein Schlachtschiff durchpflügte es.

Nach der Tempelbesichtigung und dem Kaltgetränk stürzten wir uns in das Gewimmel von Aegina-Stadt. Im Hafen reiht sich ein Straßencafé und Restaurant an das andere. Ein paar Schritte weiter gibt es ein Gewirr von engen Gassen, in denen die verschiedensten Waren feilgeboten werden. Hier stehen Eimer und

Besen auf dem Bürgersteig, daneben hat ein Silberschmied seine Werkstatt. Dort gibt es Andenkenläden und gegenüber hängen Schaf und Huhn kopfüber im Schaufenster einer Metzgerei. Auch hier wimmelte es von kauflustigen, meist einheimischen Touristen. Wir ließen uns eine Weile treiben. Schließlich japste Alan: „Ich sehe es schon kommen: In diesem Urlaub werde ich mehr Wasser als Bier trinken. So weit ist es schon mit mir gekommen." Jetzt, um die Mittagszeit, war es unglaublich heiß und so gönnten wir uns eine ausgedehnte Mittagsrast mit einem anschließenden Nickerchen unter Pinien am Strand.

„Los jetzt, Faulpelz! Wir müssen noch den höchsten Punkt der Insel erobern!"

„Ja, ja … bestimm du nur …", murmelte Alan in seinen Bart, fügte sich aber und rappelte sich auf. Der Weg ging auf einer schmalen, sich in heftigen Kurven windenden Straße quer über die Insel zur höchsten Stelle.

Der Berg Oros, 531 Meter über dem Meeresspiegel, entpuppt sich als eine steinig karge Erhebung. Im Örtchen Anitsevu hört die befestigte Straße plötzlich auf. Es geht in einen steilen, schmalen Feldweg, in den Alan mit einem kühnen Schwung einbog. Mir kamen Zweifel an der Befahrbarkeit dieses Weges. „Alan, meinst du wir können da hochfahren? Ich glaube Stavros erwähnte, dass der Gipfel nur zu Fuß erreichbar ist." Meine bessere Hälfte bremste abrupt. „Du kannst alles mit mir machen, aber ich werde diesen Berg bei der Hitze nicht zu Fuß besteigen. Soll ich in der nächsten Taverne auf dich warten oder gleich zurückfahren?"

„Hm", abschätzend schaute ich zum Gipfel. „Jetzt wo du es sagst. Es ist wirklich zu heiß fürs Moutaineering!"

So wendete Alan den Jeep und wir genossen das atemberaubende Panorama auf der Weiterfahrt nach Portes. Der Hafen dieses schmucken, kleinen Städtchens lud geradezu zum Verweilen ein. Wir setzten uns auf die Terrasse eines Cafés und schauten den Booten beim Ein- und Auslaufen zu.

„Weißt du was, jetzt fahren wir einfach an der Küste entlang und suchen uns eine nette Badebucht. Nach dem Dinner lassen wir den Tag mit einem guten Glas Wein ausklingen. Wie klingt das?"

Versonnen schaute Alan einer weißen Segeljacht hinterher. „Das klingt gut, aber darf es auch der Champagner sein, den ich im Apartment kaltgestellt habe?"

Nun saßen wir auf der Fähre, die uns zurück nach Piräus brachte. Die letzte Nacht wollten wir dort, direkt am Hafen verbringen. Wir hatten mit Bedauern Abschied von Renate und ihrem Mann genommen und waren mit dem festen Vorsatz die Ziegeninsel wieder zu besuchen auf die Fähre gegangen. „Das ist doch klar, ich komme wieder und bringe meine eigene Ziege mit", meinte Alan zu Stavros Erheiterung.

„Na ja, eine Jungfrau wäre auch schlecht, wo solltest du die herkriegen, in deinem Alter?", fügte ich boshaft hinzu. Meine bessere Hälfte grinste, sagte aber nichts.

Nach der relativen Beschaulichkeit und Ruhe auf der kleinen Insel kam mir Piräus schrill, laut und schmutzig vor. Im Hotelzimmer angekommen ließ ich mich auf das Bett plumpsen, das mit einem lauten Quietschen protestierte. Ich legte mich vorsichtig zurück. „Ich glaube das Hotel gehört einem Inder, das hier ist keine Matratze, sondern ein Nagelbrett!" Alans gute Laune war nicht zu erschüttern. „Es ist ja nur für diese Nacht. Wenigstens gibt es eine funktionierende Klimaanlage und einen kleinen Balkon. Los, jetzt werden wir uns den Hafen anschauen und etwas essen."

Der immerhin drittgrößte Mittelmeerhafen entpuppte sich als wenig attraktiv, sodass wir den Abend damit ausklingen ließen, dass wir uns auf unseren kleinen Schwalbennest-Balkon setzten und zuzuschauen, wie sich die Dunkelheit über den Hafen legte und selbst die heruntergekommenen Fassaden der Häuser um uns herum einen gewissen Charme bekamen.

Die Sterne funkelten, selbst an diesem lauten Allerweltsort war etwas vom Zauber des antiken Hellas zu erahnen, und wenn die Götter auch nicht in das ‚Homerische Gelächter'

ausgebrochen sind, so haben sie uns doch zu-
gelächelt ...

Kapverden – Inseln unter und über dem Wind
Boa Vista, die schöne Aussicht

Es gibt 15 Kapverdische Inseln, von denen 9 bewohnt sind. Sie liegen vor der Westküste Afrikas, ca. zwei Flugstunden südlich von den Kanaren. Die Inseln werden unterteilt in die "Ilhas de barlavent " - Inseln über dem Wind, wozu u.a. die Insel Sal und Boa Vista gehören und in die "Ilhas de sotovento" - Inseln unter dem Wind. Dazu gehören Santiago und Fogo.

„Jetzt sollten wir uns aber wirklich anstellen", ich musterte meine bessere Hälfte nervös. Alan hatte, wie immer, die Ruhe weg und hebelte sich seufzend und in Zeitlupe aus dem Bistrostuhl. „Nur nicht drängeln, schließlich sind wir im Urlaub und nicht auf der Flucht." Mit dieser Meinung stand er einigermaßen allein da, denn schon bevor der Check-In begonnen hatte, bildete sich eine lange Schlange vor den Schaltern der Fluggesellschaft. Als schließlich ein verschlafener junger Mann erschien, gab es kein Halten mehr. Obwohl noch reichlich Zeit bis zum Abflug blieb drängelten die Reisewilligen. Auch ich ließ mich von der allgemeinen Hektik anstecken und scheuchte den noch ganz verschlafenen Alan auf. „Es ist einfach unmenschlich, wie hier um 4 Uhr in der Frühe mit mir umgegangen wird", grummelte er, gab seinen Widerstand jedoch auf und stellte sich, noch immer murrend, an. Inzwischen war ein zweiter Schalter geöffnet worden. Die Abfertigung ging etwas schneller vonstatten, was allerdings nur von kurzer Dauer war, denn die dickliche Dame unbestimmten Alters, welche den Schalter bediente, nahm immer wieder Rücksprache mit ihrem Kollegen und fertigte die Leute mehr als langsam ab. Als schließlich die Reihe an uns kam, schien sie einer Panik nahe. „Oh Gott", japste sie. Wir wechselten einen verblüfften Blick, denn wir waren zwar verschlafen, doch frisch geduscht. Alan musterte die Person besorgt. „Ich hoffe bei uns ist alles in Ordnung. Wir haben ja einen Zwischenstopp auf Gran Canaria. Sie buchen uns aber bis Boa Vista durch, nicht wahr?"

„Ja, ja", die völlig Überforderte schob vier Bordkarten über den Tresen. „Fensterplätze, einmal Gran Canaria, einmal nach Köln … äh, ich meine … sie wissen schon …"

Ausnahmsweise einmal sprachlos nahm Alan die Bordkarten in Empfang. „Ach herje", brummte er wenig später ärgerlich. „Das Herzchen hat uns zwar Fensterplätze gegeben, aber getrennt. Die Sitzreihe ist zwar gleich, aber du sitzt rechts und ich links am Fenster. Das kommt davon, wenn man nicht genau hinsieht. Na ja, wenigstens sitzen wir bis Gran Canaria zusammen." Noch brummelnd steuerte Alan den einzigen geöffneten Kiosk an. „Egal wie früh es ist, jetzt genehmige ich mir ein Bier." Die mürrische Bedienung zuckte mit den Achseln. „Bier gibt es noch nicht." Resigniert ließ sich Alan auf einen Hocker fallen. „Das fängt ja gut an."

„Na junge Frau, soll ich bei ihnen auch Händchen halten?" Während er seine Frau beruhigend tätschelte, lächelte mich mein Sitznachbar, ein älterer Herr, freundlich an. Ich hatte den Flug ab Gran Canaria zwar durch einige Sitze von Alan getrennt, aber in Gesellschaft eines netten Ehepaares verbracht. Jetzt setzte das Flugzeug zur Landung an und einen Moment sah es so aus als hätte der Pilot vor im Wüstensand aufzusetzen. Mit einem beruhigten Seufzer registrierte ich den Anfang der Landebahn, die in einer Kurve endete. Hier machte der Flieger eine Kehrtwende und rollte bis fast vor das ungewöhnliche Flughafengebäude.
Aus Sandstein gebaut ist das Gebäude einem Zelt nachempfunden und zu allen Seiten offen, was eine Aircondition überflüssig macht, denn der allgegenwärtige sanfte Wind sorgt für eine angenehme Kühlung. Das ist ein angenehmer Effekt, weil die Abfertigung am Einreiseschalter ihre Zeit braucht. Die Worte Eile und Hektik scheinen auf Boa Vista nicht zu existieren.

Schließlich hatten wir sämtliche Formalitäten erledigt, unser Gepäck eingesammelt und saßen in einem Kleinbus, der uns gemeinsam mit einigen Mitreisenden in die Hotelanlage bringen sollte.

„Hóla", der schlaksige Fahrer strahlte über das ganze Gesicht, betätigte ein paar Knöpfe und während der Bus ins Rollen kam, ertönten Samba Rhythmen in voller Lautstärke. Alan grinste. „Jetzt fängt der Urlaub richtig an." Auf unserer Fahrt über einen besseren Schotterweg kam uns ein freundlich winkender Mann auf einem Esel reitend entgegen. Ich wollte zurückwinken, hielt aber im letzten Moment entsetzt inne. Der Mann winkte nicht, sondern schwenkte, während er breit grinste, eine tote Katze über dem Kopf hin und her. Ungläubig wandte ich mich meinem Liebsten zu. „Hast du das auch gesehen? Das war sicher ein Hase, nicht wahr?!" „Von wegen, bei denen gibt es heute Abend ein schönes Ragout: Dachhase im eigenen Saft geschmort." Ich schüttelte mich. „Ich liebe dich, aber manchmal solltest du wirklich ein wenig flunkern."

Am nächsten Morgen wurde ich von der Sonne wach gekitzelt. Alan, der schon auf dem Balkon saß, lächelte mich übermütig an. „Hallo Langschläferin. Jetzt aber los, schließlich wollen wir uns alles anschauen." Ich reckte mich genüsslich. „Ich kann dir nur mit deinen eigenen Worten antworten: Nur nicht drängeln, schließlich sind wir im Urlaub und nicht auf der Flucht!"

Nach einem ausgedehnten Frühstück im freundlichen Speisesaal erkundeten wir die Hotelanlage welche einem kleinen Dorf gleicht. Die Bungalows werden durch ein Gewirr von verwinkelten Gassen miteinander verbunden. Überall grünt und blüht es. Im Hintergrund kann man das allgegenwärtige Rauschen des Meeres vernehmen, das durch eine promenandenartig angelegte Auffahrt zu erreichen ist. Hier erwartet den Reisenden eine beeindruckende Dünenlandschaft. So weit das Auge reicht, gleißt und glimmert der von schneeweiß bis ockerfarbene Sand. Auch das Meer strahlt in allen Blau- und Grüntönen, die man sich überhaupt nur denken kann. Eine kleine Strandbar komplettiert das Stillleben. Der Publikumsverkehr hält sich in Grenzen, sodass man bei einem einsamen Strandspaziergang die Seele baumeln lassen kann oder sich einfach in den Dünen niederlässt, wenn man dem Badespaß rund um die obligatorischen Liegen und Sonnenschirme entgehen möchte.

Wir hatten uns für einen gemächlichen Spaziergang am Wasser entschieden und bummelten, die Schuhe in den Händen, durch den nassen Sand. Ab und zu umspülte eine vorwitzige Welle meine Knöchel. Strandläufer wuselten eifrig hin und her, um sich vor dem heran schwappenden Wasser in Sicherheit zu bringen.

„Schau bloß mal dahinten. Das sieht fast aus, wie ein halbes Boot." Alan deutete auf eine undefinierbare, massige Konstruktion, die sich etliche Meter weit weg auf dem gleißenden Sand befand.

„Das kannst du von hier aus gar nicht erkennen, die Sonne blendet viel zu sehr. Los, wer als Erster bei dem Ding ist, der darf es behalten", mit diesen Worten spurtete ich los. Nach und nach wurden die Konturen deutlicher. Hier war wirklich ein Unglück passiert. An dem, halb im Sand versunkenen Wrack hielten wir an. Das Boot war in unzählige Teile zerschmettert, einzig der Rumpf schien einigermaßen heil geblieben. Deutlich stach die bunte Lackierung hervor, an einer Seite prangte ein, in liebevoller Kleinarbeit aufgemalter, Delfin. Die Trümmer waren über den Strand verteilt. Ein paar Planken, wie übereinander aufgeschichtet, erinnerten mich an ein dürres Gerippe. Nachdenklich musterte Alan das zerbrochene Boot. „Das sieht nach einem Riesensturm aus. Hoffentlich hat sich die Mannschaft retten können."

„Was meinst du, wie lange liegen die Bootsteile schon hier?", fragte ich beklommen, immer noch den makaberen Plankenhaufen anstarrend. Alan nahm mich liebevoll in den Arm. „Mach dir mal keine Gedanken, Schatz. So wie das hier aussieht, ist der Schiffbruch schon ein paar Jahre her und die Trümmer einfach nicht entsorgt worden. Was genau passiert ist, werden wir nicht herausfinden können."

„Du hast ja Recht", ich schüttelte den Schatten, der sich für einen Augenblick vor die Sonne geschoben hatte ab. „Ich denke, dass es hier ordentlich stürmen kann, auch wenn das Meer im Augenblick harmlos wie das Wasser in einer Badewanne aussieht. Ich nutze jetzt die Gelegenheit und nehme ein Bad. Anschließend kannst du mich auf einen Drink in die Strandbar einladen."

Heute stand ein Besuch in Sal Rei, der Hauptstadt der Insel auf dem Plan.
Sal Rei ist mit ca. 2000 Einwohnern die größte Stadt der Insel. Doch wer hier eine Touristenattraktion mit Strandpromenade, gepflegten Anlagen und ausgedehnter Shoppingmeile erwartet, wird gnadenlos enttäuscht. Das Örtchen zeigt sich sehr ursprünglich. Im Hafen dümpeln einige Fischerboote, auf und an denen gemächlich gewerkelt wird. Eine Mole führt ins Meer und mitten im Hafenbecken liegt ein Wrack. Niemand macht sich die Mühe, das halb unter Wasser liegende Boot zu entfernen. Warum auch, es ist genug Platz vorhanden, um herum zu fahren. Ein paar Meter weiter wird der Fang des Tages verkauft. Neben riesigen Thunfischen, die auf Brettern liegend abgeboten und nach Bedarf zerteilt werden, liegen silbrig schillernde Sardinen, Makrelen, Langusten und natürlich Muscheln

und Krebse in Hülle und Fülle. Das Trinkwasser wird in 20 Liter Kanistern angeboten, dass die Frauen auf dem Kopf nach Hause balancieren. Die kleinen Häuser sind bunt bemalt und hier und dort windet sich eine Kletterrose bis zum Balkon hinauf. Rund um die Kirche de Santa Isabel gibt es einige Läden, in denen allerhand Krimskrams angeboten wird. Die Schildkröte, das Wahrzeichen der Insel, findet sich hier in allen Variationen. Holzschnitzereien, Schmuck aus Muscheln und geschnitzte Armbänder prangen neben Tüchern, Caps und luftigen Kleidern. Der Reisende kann kaum einen Schritt machen, ohne von einem geschäftstüchtigen Einheimischen angesprochen zu werden. Vor einer kleinen Markthalle wurden auch wir von einem dieser Verkäufer erwischt: „Hey, friend, where are you from?"

Alan grinste. „Was meinst du, wollen wir uns abschleppen lassen? Du wolltest doch noch ein paar Mitbringsel besorgen." Ich grinste verschwörerisch zurück. „Ein paar Mitbringsel ist völlig untertrieben." Alan hob hilflos die Hände. „In Ordnung, du suchst aus und ich führe die Verhandlungen." So schlenderten wir, den findigen Verkäufer dicht auf den Fersen, durch die Halle und betrachteten das wirklich überschaubare Angebot an Obst und Gemüse.

„Du kommen oben, my shop is total big, mit alles drin." Der Verkäufer ließ nicht locker, zudem hatte endlich die Nationalität seiner potenziellen Kunden herausgefunden. Sein

Shop erwies sich als ein kleiner Verkaufsraum im Obergeschoss. Hier reihte sich ein Miniladen an den anderen. Vor jedem dieser Geschäfte stand jemand, der versuchte, die Aufmerksamkeit der kaufwilligen Fremden auf sich zu ziehen. Allerdings schien das Angebot überall gleich zu sein.

„Here ist Kette, Geschenk für dich from me!" Grinsend hängte der Aufreißer mir eine Schnur mit einigen kleinen Perlen um und dirigierte uns endgültig in seinen Laden. „Alles gut hier!"

Prüfend schaute ich mich um und hatte schon bald meine Auswahl getroffen.

„Was willst du für den Krempel haben", erkundigte sich Alan. Er wurde mit einem breiten, zahnblitzenden Lächeln belohnt. „Here ist Armband, Geschenk für dich from me!" Nach zähen Preisverhandlungen waren beide Seiten zufrieden und verabschiedeten sich mit einem freundlichen „Adeus" voneinander.

„Ich glaube, der hat so viel an uns verdient, dass er seinen Laden für heute schließen kann", merkte Alan trocken an, „aber es sei ihm gegönnt." Da nun alle Attraktionen des Ortes besichtigt waren, machten wir uns bald wieder auf den Heimweg. „Ich wollte dich schon die ganze Zeit zu einem kühlen Getränk einladen aber ich glaube das genehmigen wir uns lieber im Hotel." „In diesem Fall muss ich dir ausnahmsweise einmal Recht geben. Ich hätte mich nicht getraut, etwas in einer der

Ortskneipen zu trinken. Montezumas Rache wäre wohl vorprogrammiert gewesen."

Auf der Rückfahrt wies der Taxifahrer auf einige weißliche Tümpel, die unscheinbar im rostroten Sand lagen. „Sal!"

„Ja, richtig", merkte Alan an. „Der Name Sal Rei bedeutet ja nichts anderes als königliches Salz, was auf die Qualität des Salzes hinweist. Die Salinen sind übrigens damals von Sklaven angelegt worden." Zweifelnd betrachtete ich die vor sich hindümpelnden weißen Flächen. „Na ob das aber jetzt noch einer königlichen Qualität entspricht wage ich zu bezweifeln."

Wir mieteten uns ein Quad und fuhren den endlosen Sandstrand entlang, besuchten den traumhaften Strand Santa Monica, an dem es kaum Vegetation gibt. Sonne, Sand und Wasser und das strahlender als man sich das vorstellen kann. Santa Monica, oder besser Curralinho, ist die Superlative schlechthin. Dem Reisenden wird bewusst, dass Boa Vista dem afrikanischen Kontinent am nächsten liegt - hier reicht die Wüste bis zum Meer. Das Schiffswrack der „Cabo di Santa Maria" an der Costa da Boa Esperanca ist weniger eindrucksvoll. Der Frachter ist 1968 unter ungeklärten Umständen gestrandet und rostet nun vor sich hin, wobei der größte Teil bereits im Meer versunken ist. Ein, laut Reisegesellschaft, Highlight, auf das man gut und gerne verzichten kann. Allerdings kann man von hier aus (bei gutem Wetter) bis zur Nachbarinsel Sal schauen. Es sollen einige hundert Schiffswracks sein, die durch die zahlreichen Riffe und heftigen Stürme gekentert sind und in Küstennähe auf Grund liegen. Also: Eine Schatzsuche könnte lohnend sein. Eine hübsche Geschichte ist, dass ein Berg aus Lavagestein, der „Monte Negro", für die Schiffsunglücke verantwortlich war. Wegen seiner eisenhaltigen Vorkommen soll er durch Magnetismus den Kompass des jeweiligen Schiffes beeinflussten, sodass es erheblich vom Kurs abweicht. Eine nicht weniger interessante und plausiblere Vermutung ist, dass die Inselbewohner früher durch falsche Signale für ein Kentern der Schiffe gesorgt haben, um das Strandgut abzugreifen.

Am Nachmittag vor dem Rückflug machte ich mich zum letzten Mal auf den Weg zum Strand. Mir war ein wenig wehmütig zumute. Ich ließ sie mich an einer einsamen Stelle in den warmen Sand plumpsen und lauschte dem Meer, das heute sehr unruhig war. Die Wellen hatten weiße Gischtkronen, klatschten wütend ans Ufer. Ich mochte gar nicht daran denken, dass wir am nächsten Tag schon im wieder winterlichen Deutschland sein würden. In Gedanken versunken bemerkte ich den kleinen Hund erst als er mich mit der Nase anstupste. „Huch", ich fuhr hoch und erntete einen vorwurfsvollen Blick aus haselnussbraunen Augen. Der Hund schien sich schon vor einer ganzen Weile neben mir niedergelassen zu haben. Ein gepflegtes Tier, mit glänzendem, hellbraunem Fell. Auf dem Halsband stand sogar sein Name. „Hallo Digo", begrüßte ich ihn. „Das ist aber nett, dass du mir Gesellschaft leistest. Weißt du, es fällt mir schwer hier wegzufahren. Deine Insel ist so schön. Am Liebsten würde ich hier leben." Als Antwort stupste Digo mich wieder an. Ich kraulte ihm den Nacken. Mit einem wohligen Seufzer legte sich der Hund nun endgültig neben mich, placierte seinen Kopf auf meinem Bein und genoss die Streicheleinheiten, während Mensch und Tier dem Spiel der Wellen zuschauten. Das ging eine ganze Weile so und seltsamerweise kam ich mir getröstet vor, musste lächeln. „Ich glaube, ich komme im nächsten Jahr einfach wieder her. Und vielleicht treffen wir beide uns ja hier am Strand?" Digo hob den Kopf und musterte mich, als hätte er verstanden. Dann stand er langsam und gemächlich auf, reckte sich. „Ich merke schon, du willst weg. Sicher ist jetzt Futterzeit." Plötzlich war mir ganz leicht zumute. „Ja dann, tschüß, und nicht vergessen, wir haben ein Date."

Ich schaute Digo hinterher, der sich langsam in Richtung Hauptstrand entfernte. Während ich aufstand, und mir den Sand vom Hosenboden abklopfte musste ich laut lachen, denn plötzlich erschien mit der Abschied von Boa

Vista gar nicht mehr so schrecklich. Ich hatte ja eine Verabredung:

Im nächsten Jahr, am gleichen Ort.

Weeppoorwill

„Oh!" Kurzzeitig sprachlos schaute Alan auf die Kilometeranzeige am Tacho. Ich lugte ihm über die Schulter und stellte fest, dass die Kilometeranzeige auf 300 stand.

„You are lucky, das Wohnmobil ist brandneu. Ihr seid die Ersten, die damit fahren, abgesehen vom Transport hier her", strahlte uns die Angestellte der Agentur an.

„Das ist ja fabelhaft, dann kann es sofort losgehen." Alan hatte die Sprache wiedergefunden.

„Ja, das denke ich auch. So weit habe ich euch alles Wichtige erklärt – also dann...", mit einem freundlichen Winken entließ uns die nette Dame in die große Freiheit.

In diesem Jahr hatten wir uns einen Herzenswunsch erfüllt: Kanada, genauer gesagt Ontario mit dem Wohnmobil zu entdecken. Zugegeben, erst einmal einen kleinen Teil von Ontario. Ausgehend von Toronto hatten wie vor, so viel wie möglich zu sehen. Zunächst sollte es nach Niagara gehen und dann wollten wir weiter in Richtung Kitchener in die ‚deutsche Ecke' Ontarios fahren. Von dort aus konnten wir spontan entscheiden, wie es weiter gehen sollte. Wichtig war uns dabei, nicht 1000 Attraktionen in 100 Tagen anzuschauen, sondern einfach Land und Leute kennenzulernen und eine tolle Zeit zu verbringen.

Doch jetzt standen wir erst einmal vor dem grandiosen Schauspiel der Niagarafälle. „Was meinst du? Machen wir die ganze Tour?" Alan wirkte ein wenig unentschlossen, denn die Fälle und das Ganze rundherum schienen den Normalsterblichen schier zu erschlagen.
„Ich denke das sollten wir machen. Wenn schon, denn schon!"
So ging es zunächst einmal unter die Fälle. Durch einen in den Fels gehauenen Gang gelangten wir auf die vom Wasser umnebelte Aussichtsplattform, welche sich mitten zwischen den tosend herabstürzenden Wassermassen befindet. „Whow", krampfhaft versuchte ich, mein gelbes Kapuzenmäntelchen festzuhalten, denn das Ding schien ein Eigenleben zu führen. Immer wieder blähte es sich auf und flatterte in alle Richtungen. Nur gut, dass diese Kunststoffüberzieher mit zum Service gehörten, denn der feine Wassernebel nässte alles durch. Alan lehnte sich über die steinerne Brüstung, um einen Blick hinauf, vorbei an dem schützenden Dach der Plattform zu tun. Prompt wurde er mit einem ordentlichen Wasserschwall belohnt. Prustend und lachend zog er schnell den Kopf wieder ein. „Das hast du jetzt davon", kicherte ich. „Lass uns zurück-

gehen, das wird mir hier zu laut und zu nass."
Ich fühlte mich gar nicht sexy, wie Marilyn
Monroe in der bekannten Filmszene.

So bummelten wir die Promenade flussabwärts
entlang, immer begleitet von den Geräuschen
der Wasserfälle. „Schau, hier geht es zum An-
leger. Jetzt machen wir die Bootsfahrt." Wirklich befanden wir uns in Höhe der Anlegestelle
der „Maid of the Mist". Die Boote dieser Flotte befördern Interessierte an der unspektakulä-
ren, amerikanischen Seite der Fälle vorbei,
und anschließend so nah es möglich ist an die
kanadischen Niagarafälle heran. Dieses Mal
wurden blaue Kapuzenmäntelchen verteilt und
ich stürmte sofort zum Bug des Bootes. Alan
folgte mir zögernd. „Schau mal, es gibt auch
einen Aufbau mit Glasfenstern."

„Ich bin doch nicht aus Zucker und du bist ja
sowieso schon nass", gab ich mich verwegen.
Alan grinste. „In Ordnung, ich wollt es ja nur
gesagt haben. Hauptsache du bist wirklich
wasserfest."

„So schlimm wird es nicht werden, denn ganz
so nah kann der Skipper sowieso nicht an den
Wasserfall ran."

Schon ging es los, erst zur überschaubaren
amerikanischen Seite mit ihren Plattformen
und Holzstegen und weiter auf die riesigen
kanadischen Wasserfälle zu. Hierbei führten
wir folgende Unterhaltung:

Alan (mit besorgtem Blick): „Du solltest deine
Kapuze richtig aufsetzen!"

Ich (ob meines wasserfest eingepackten Mannes mitleidig lächelnd): „Keine Sorge, viel weiter kann er nicht mehr fahren!"

Ich (etwas beunruhigt): „Oh, er fährt aber nah an die Fälle ran! Noch näher ist nicht möglich, ODER???"

Einige Minuten später (panisch) : „Blubberblub…!"

Viel später, auf der Rückfahrt und pudelnass: „Grins nicht so, du bist vorhin auch ganz nass geworden!"

Alan (milde): „Stimmt, aber nicht annähernd SO nass …"

Nach einer kleinen Trockenphase mit Kaffee und Donats machten wir uns daran, den Niagara River zu erkunden. Hierzu sind längs des Flusslaufes Holzstege angebracht worden, sodass man relativ bequem am Ufer des mit hoher Geschwindigkeit dahin schießenden Flusses entlang gehen kann. Rechts und links erheben sich steile, zum Wasser abfallende Felswände. Hin und wieder sind am Rand des Stegs Inukusuks in allen Größen aufgestellt. Diese archaisch anmutenden Steinmännchen hatten für die Ureinwohner eine Markierungsfunktion oder wiesen auf bedeutende indianische Orte hin. Nach einigen Kilometern erweitert sich der Fluss zu einem großen Becken, in dem das Wasser in wilden Strudeln kreiselt, so wie in einem Whirlpool und so heißt das Becken auch.

„Was meinst du, sollen wir mit der Gondel

einmal quer hinüber fahren?" Alan wies auf eine kleine Seilbahn, die zum anderen Ufer führte.

„Das können wir auf dem Rückweg gern machen, mein Schatz, aber jetzt würde ich lieber das Schmetterlingshaus besuchen und das ist auf dieser Flussseite."

Alan seufzte theatralisch. „Ich dachte mir schon, dass ich heute mein Jahrespensum im zu Fuß gehen erledigen werde." Hoffnungsvoll steuerte er eine Bushaltestelle an. „Dieser Shuttlebus bringt uns unter Garantie dort hin."

Das Schmetterlingshaus erwies sich als eine riesengroße Kuppel, in der es Schmetterlinge und tropische Pflanzen allen Größen und Farben gab. An murmelnden Wasserläufen vorbei ging es auf einem Rundkurs durch dieses kleine Paradies, von dem ich gar nicht genug bekommen konnte. „Was um Himmels willen machst du da?" fragte mein Liebster nach einer Weile.

„Hast du den Mann da vorne gesehen?", wisperte ich zurück. „Auf den haben sich bestimmt ein Dutzend Schmetterlinge gesetzt. Das liegt sicherlich an seinem Duftwasser." Ich verteilte noch eine Ladung Parfüme auf mir. „Also locke ich Schmetterlinge an, damit sie sich auch mal auf mir niederlassen …"

Irgendwie schien ich nicht die richtige Duftnote aufgetragen zu haben, denn nicht ein einziger Schmetterling flatterte auf mich zu. Dafür drängte Alan nach einiger Zeit zum Aufbruch.

Draußen angekommen atmete er tief ein. „Ich liebe es, wenn du gut riechst", meinte er lakonisch. „Aber was zu viel ist, ist zu viel. Die drückende Luft dort drinnen und dazu noch deine unglaubliche Duftfahne, das haut den stärksten Mann um."

„Ist ja schon gut, aber dann müssen wir jetzt auch zurücklaufen, damit meine Parfümfahne verfliegt. So weit ist es nicht zu den Fällen."

Der Rückweg war weiter, als ich es gedacht hatte, was allerdings eher Alan zu Schaffen machte. Dieser Mann scheint seine Füße vorwiegend zum Gasgeben und Bremsen im Auto zu haben. Wieder am Whirlpool angelangt erwartete uns ein ganz besonderes Schauspiel, denn die Gondel der Seilbahn war mitten über dem Becken stecken geblieben und schaukelte wild hin und her. Während sich die Schaulustigen damit vergnügten, dem Spektakel zuzusehen, versuchte man das Teil immer wieder in Gang zu setzen, was offensichtlich nicht gelang.

„Gut, dass wir nicht mitgefahren sind. Wer weiß, wie lange die Leute schon in dem Ding festsitzen."

„Apropos sitzen, das nächste Taxi ist das Unsere. Für heute bin ich wirklich genug gelaufen."

Im Taxi klagte Alan dem Fahrer sein Leid. Der Mann musterte mich prüfend. „Are you british?", fragte er.

„Nein, wieso? "

Die Antwort war verblüffend: „This bloody people always walk and walk."

Grinsend klärte ich unseren Fahrer über meine Nationalität auf, scheinbar hatten wir es hier mit einem den Briten nicht wohl gesonnenen Herrn zu tun. Von Rücksitz aus warf ich noch einen letzten Blick auf das grandiose Naturspektakel und wurde prompt belohnt, denn als Abschiedsgruß zog sich ein breiter Regenbogen quer über die Fälle.

„Unglaublich, aber wahr. Die Stadt Kitchener hieß bis zum Jahr 1916 Berlin. Hier wohnen jede Menge deutschstämmige Familien, was gut zu erkennen ist." Alan wies auf ein gelbes Schild, das an einem hellblau gestrichenen, kleinen Holzhaus prangte. „Artistic Schmidt – the gift and garden place" stand vollmundig darauf. Das ganze Haus schien als Laden genutzt zu werden, denn das Innere war komplett vollgestopft mit allem möglichen Krempel, der im weitesten Sinne als Geschenk zu bewerten war. Außerdem war in Deckenhöhe ein Schienennetz angebracht worden, auf dem beständig eine Minidampflok ihre Kreise zog und auch durch Löcher in den Wänden nach außen fuhr. So originell wie dieser Laden gab sich das ganze Städtchen. Die kleinen Geschäfte an der einzigen Hauptstraße waren witzig - urig aufgemacht, was einfach hierher passte. Die Schilder, welche auf Läden aller möglichen Art hinwiesen, zeigten ungewöhnlich viele deutsche Namen. Auch wurde hier das vermeintlich deutsche Brauchtum hochgehalten, denn ein einsames, vergessenes Plakat wies auf das längst vergangene ,Kitchener-Oktoberfest' hin.

„Wie sieht's mit deinem Hunger aus?", erkundigte sich Alan. „Da vorne ist ein nettes Restaurant. Beim Essen können wir dann überlegen in welcher Richtung es weiter geht."

Das Restaurant, von außen eher unscheinbar, überraschte mit seinem charmanten, altmodischen Ambiente. Ich fühlte mich in die Zeit um die Jahrhundertwende zurück versetzt. Eine vollschlanke, adrette Bedienung mit weißem Schürzchen empfahl uns das Buffet, das unübersehbar den Mittelpunkt dieser Lokalität bildete. Der Begriff ,futtern wie bei Muttern' hatte mit diesem Buffet ganz neue Dimensionen angenommen: Knusprige Bratenstücke und Hendl wurden von locker-flockigem Kartoffelbrei und deftigen Knödeln begleitet. Cremige Soßen und Gemüse in allen Variationen rundeten die Sache ab. Natürlich gab es vorab eine Hochzeitssuppe und als Dessert konnte sich der Gast fast nicht unter den verschiedenen Apfel, Streusel und sonstigen hausgemachten Kuchen entscheiden.

„Du meine Güte", prustete ich irgendwann, „ich habe geglaubt, so etwas gibt es nur in den uralt Western mit John Wayne. Hier scheint die Zeit stehen geblieben zu sein."

„Da sagst du etwas. Wie es weiter geht, ist hier

auch zu sehen." Alan tippte auf das Set, welches als Unterlage für den Teller gedacht war und eine Karte der Region rund um Kitchener enthielt. „Jetzt fahren wir erst einmal nach St. Jacobs."

Der Tischsettipp erwies sich als Volltreffer, denn St. Jacobs, nur ein paar Kilometer von Kitchener entfernt, ist die Heimat der (Old Order) Mennoniten. Diese Menschen leben wie ihre Vorväter. Sie halten am Lebensstil, der Religion und den Gebräuchen fest, die ihre Vorfahren zu Anfang des 19. Jahrhunderts mitgebracht haben. Die Farmhäuser sind einfach, die Leute schwarz gekleidet und nicht motorisiert. Alles strahlt eine ungeheure Ruhe aus. An den Straßen der Region hatten wir zu unserer Verblüffung ‚Achtung' Schilder bemerkt, auf denen eine Kutsche abgebildet war. Bald stellte sich heraus, dass diese Schilder durchaus ihre Berechtigung hatten, denn hin und wieder kam uns ein Gespann entgegen, in dem ein freundlich grüßender Herr im schwarzen Anzug saß, der einen steifen, schwarzen Hut auf dem Kopf hatte. Die ganze Region wirkt, nein, ist sehr ländlich und als Münsterländer Pflanze fühlt man sich schnell heimisch, könnte sich fast vorstellen hier zu siedeln.

„Weeppoorwill" – so hieß der Weg, an dem wir unseren Standplatz für das Wohnmobil hatten. Der Campingplatz war gut besucht, denn am Canada Day zieht es den durchschnittlichen Kanadier und sein Quad in die Wälder, will sagen auf den Campingplatz.

„Ich verstehe nicht, wie man ein solches Ding überhaupt finanzieren kann", stellte Alan einmal mehr kopfschüttelnd fest. Ich konnte ihm nur zustimmen, denn was hier an Wohnmobilen und Anhängern stand, hatte ich noch nie gesehen. Die Teile waren bis zu 10 Metern lang, hatten lastwagenartige Zugmaschinen und beinhalteten eine kleine bis mittelgroße Wohnung, inklusive Whirlpool und einer Garage für das allseits beliebte Quad. Mit diesem Gefährt bretterten die Männer in Rudeln durch die Wälder, um nach Stunden von oben bis unten mit Matsch bespritzt wieder aufzutauchen. Anschließend traf man sich reihum an einer der Feuerstellen, die sich, neben einer Picknickecke aus Holz, auf jedem Stellplatz befanden. Hier wurde kräftig dem Alkohol zugesprochen, um später wieder aufs Quad zu steigen. Wir schlappen Europäer hatten uns in das Wohnmobil verzogen, denn auf diesem Campingplatz herrschte eine sagenhafte Mückenplage, derer wir auch mithilfe einer kanadischen Mückentotlampe nicht Herr wurden. Das Ding stank und kokelte ganz fürchterlich, aber die Mücken ließen sich davon weniger beeindrucken als wir.

„Guck bloß mal, der Typ hat sich von oben bis unten mit Mückenspray eingesprüht, sogar am Kopf und im Gesicht. Er hat das gleiche Zeug, das wir auch gekauft haben. Na ja, bei dem Alkoholpegel merkt er sowieso nichts mehr." Alan saß immer noch an seinem Beobachtungsposten und bestaunte das Geschehen.

„Hoffen wir für ihn, dass er wenigstens die Luft angehalten hat, das Zeug stinkt furchtbar, sicher ist es hochgiftig." Mit dieser Vermutung sollte ich Recht behalten, denn ich habe das Mückenspray Monate später verwendet, um eine fette Riesenspinne zu töten, die auf dem Deckel unseres Plattenspielers saß. Die Spinne war sofort tot, der Deckel hat seither an der angesprühten Stelle lauter kleine Nippel, als wäre der Kunststoff angeschmolzen.

„Da ist der Kleine wieder." Ich wies auf den vielleicht sechsjährigen Knaben, der schon seit geraumer Zeit auf einem kleinen Elektroquad seine Runden zog. Er fuhr in regelmäßigen Abständen an uns vorbei. „Vielleicht haben die Eltern ihn vergessen und er kann alleine das Quad nicht anhalten", sinnierte ich. „Wenigstens kriegen ihn so die Mücken nicht zu fassen." Scheinbar hatte sich Vati jetzt an seinen Filius erinnert, denn einer der Männer packte den Kleinen und zog ihn vom Quad, das nach ein paar Metern zum Stillstand kam. Sofort stimmte der Knabe ein Riesenspektakel an. So setzte ihn der Vater wieder brav auf die Maschine, wo er Gas gab und bald verschwunden war.

„Weißt du was, wir fahren jetzt zum Wasaga Beach." Alan schien genug von dem Spektakel um uns herum zu haben.

Der Wasaga Beach, an der Georgian Bay, am südlichen Lake Huron ist 14 km lang und gilt als der längste und schönste Strand an einem Süßwassersee. Er lockt jedes Jahr mehr als zwei Millionen Besucher an. Es gibt zahlreiche Freizeitmöglichkeiten. Neben jeder Form von Wassersport locken spezielle Wege für Radfahrer und Wanderer.

Doch jetzt, außerhalb der Saison, gab sich der Strand beschaulich und ruhig. Hand in Hand schlenderten wir durch den weißen Sand und ließen die Seele baumeln, während der frische Seewind uns kräftig anpustete. Die Sonne strahlte nur für uns zwei, der blaue Himmel sah aus wie blank geputzt. Aus einer Holzhütte duftete es verlockend nach Fish und Chips. Alan schien meine Gedanken erraten zu haben, denn er steuerte zielsicher den Imbiss an und bestellte zwei Portionen und zwei kleine Flaschen Bier. „Weißt du was, wir essen viel netter im Wohnmobil", erklärte er, nachdem er einen Blick rundum geworfen hatte. Wirklich sah der Imbiss von innen nicht sehr gemütlich aus. Also ließen wir uns das fertige Gericht einpacken. Anschließend wollten wir, die geöffneten Bierflaschen in der Hand, die Hütte verlassen, wurden aber von dem Imbissbetreiber lautstark daran gehindert. Alan tippte sich an die Stirn. „Die spinnen, die Kanadier! Es ist verboten, mit einer geöffneten Flasche mit alkoholischem Inhalt die Straße zu betreten.

Der Mann war davon ausgegangen, dass wir hier drinnen essen, und hat deshalb schon die Flaschen aufgemacht. Jetzt können wir damit nicht mehr raus." Also tranken wir unser Bier brav aus, während uns der Chef de Pommes netterweise unsere Fish & Chips warm hielt, die auch hinterher noch hervorragend schmeckten.

Auf dem Rückweg machten wir an einem der vielen kleinen Seen halt. Auch hier verbummelten wir unsere Zeit mit einem Spaziergang. Mir wurde ganz plümerant zumute. „Ach Schatz, unsere Zeit hier ist viel zu schnell vorbei gegangen. Morgen geht es ja leider schon wieder in Richtung Toronto, dabei gibt es noch so viel zu sehen."

Alan zuckte bedauernd die Schultern. „So ist das nun mal, der Urlaub ist immer zu kurz."

Viel später, als wir aneinander gekuschelt in der Koje unseres Wohnmobils lagen, stupste Alan mich sachte an. „Mir ist da eine Idee gekommen: Was hältst du davon, den nächsten Urlaub zur Abwechslung im Wohnmobil zu verbringen? Vielleicht in Kanada? Quebec und Montreal sollen ganz toll sein…"

Nachtrag:

Wir haben noch vieles mehr gesehen und erlebt. Kanada ist einfach gewaltig, Toronto eine Welt für sich. Eine detaillierte Erzählung würde den Rahmen der Geschichte sprengen und so habe ich drei Etappen ausgewählt. Die Kanadier sind zum größten Teil tolerant und freundlich, die Wälder oftmals undurchdringlich. Kilometerweit trifft man keinen Menschen, doch plötzlich steht man vor einem klaren See mitten im Wald, an dem sich eine einsame Hütte befindet. Wir waren am Erie- und am Ontariosee und natürlich am Lake Huron. Man kann sich überhaupt nicht vorstellen, dass es sich hier um Süßwasserseen handelt, und nicht um Meere.

In Kanada ist alles größer, als im guten alten Europa. Alles in allem scheint es mir, als brauchte es mehr als ein Leben, um diesen großartigen Staat wirklich kennenzulernen.

From Nashville to Leitchfield

Hatte ich wirklich alles eingepackt? Völlig durcheinander überprüfte ich in Gedanken zum X-ten Mal mein Gepäck. Die Aufregung war verständlich, denn dieses war die erste größere Reise, die Alan und ich zusammen machten. Nashville! Als er mir vorschlug, ihn dorthin zu begleiten, verschlug es mir erst einmal die Sprache, dann willigte ich freudestrahlend ein. Nashville, das versprach ein tolles Erlebnis zu werden. Spontan fielen mir Johnny Cash, Gitarren von Fender, Countrymusic, Cowboys und Flaschenbier ein.

Jetzt waren wir schon im Landeanflug auf ‚das Herz der Countrymusic'. Ich lugte neugierig aus der runden Luke. Der Flughafen sah nicht weltbewegend aus, aber eigentlich sind fast alle Flughäfen auf der Welt austauschbar. So brachten wir alle Formalitäten schnell hinter uns und standen bald vor unserem Mietwagen. „Das ist ja mal klasse", freute sich Alan. „Der Ford Mustang hat Nummernschilder vorn und hinten, in einigen Bundesstaaten, wie hier in Tennessee, ist nur eines Pflicht. Ganz klar, dass wir hier ein prima Souvenir mit nach Hause bringen werden."

„Du willst doch nicht …"

„Aber hallo!" Dieser Mann brachte es fertig, wie ein kleiner Junge zu grinsen, während er mir schwungvoll die Beifahrertür aufhielt. „Jetzt geht es erst einmal zum Hotel. Mylady, darf ich bitten."

Ich genoss die Fahrt quer durch die Stadt. So hatte ich mir den Kurztrip vorgestellt. Das Zentrum von Nashville bietet jede Menge Attraktionen, gerade im Zusammenhang mit der allgegenwärtigen Countrymusic. Allem voran die Country Music Hall of Fame und die Music Row, mit einigen internationalen Tonstudios. Mit offenem Mund bestaunte ich eine maßstabsgetreue Nachbildung des griechischen Parthenon, allerdings aus Beton und nicht aus Marmor. Am Broadway reihte sich eine Musikkneipe an die nächste und auch das Hardrock Café durfte nicht fehlen.

„Das hier ist also unser Hotel?" Ich war ein

wenig enttäuscht, denn unsere Bleibe erwies sich als ein ziemlich heruntergekommenes Mittelklassehotel am Stadtrand. Auch Alan schien nicht zufrieden zu sein, denn er schaute sich mit gerunzelten Augenbrauen in der Lobby um. „Ich checke ein und wir schauen uns das Zimmer an. Falls es gar nicht geht, so suche ich uns etwas anderes. Allerdings sind wir hier nur vier Tage, dann fahren wir sowieso weiter nach Louisville, dort habe ich das ‚Holiday Inn' gebucht. Anschließend besuchen wir eine gute Bekannte in Leitchfield, einem kleinen Ort ganz in der Nähe. Bei ihr verbringen wir die letzte Nacht, bevor es wieder Richtung Heimat geht."

Das Zimmer ließ, wie das ganze Hotel, einiges zu wünschen übrig, aber wir beschlossen das Beste aus der Situation zu machen, denn wir wollten nach dem anstrengenden Flug nicht noch auf die Zimmersuche gehen. Im Übrigen hatte ich nicht vor all zu viel Zeit im Hotelzimmer zu verbringen.

So stürzten wir uns nach einer kurzen Ruhepause in das Nachtleben von Nashville. Es war eine laue Sommernacht. Wir bummelten gemächlich den Broadway mit seinen hell erleuchteten Läden und Bars entlang. Ab und zu rauschte eine typisch nordamerikanische Limousine, Marke Spritschlucker mit viel Blech und wenig Leistung, mit einigen jugendlichen Insassen an uns vorbei, wendete und fuhr den gleichen Weg wieder zurück. Unwillkürlich fühlte ich mich in die 60er zurück versetzt, denn es schien als fände hier gerade ‚American Graffiti' in ganz real statt. Zielsicher steuerte Alan eine schummerige Bar in einer Seitenstraße an.

„Du scheinst dich hier auszukennen?"

„Ooch", wieder das kleinjungen Grinsen. „Hier bin ich schon mit ein paar amerikanischen Kollegen gewesen. Das war ganz nett. Dahinten ist ein freier Tisch, von da aus haben wir eine gute Sicht."

„Aha," murmelte ich, während wir uns setzten. Was meinte dieser Mann mit einer guten Sicht? Die einzige Sicht, die ich hatte, war die auf den ziemlich wuchtigen Tresen und der sah so interessant auch nicht aus. Bald verstand ich, was Alan damit gemeint hatte. Kurz nachdem wir unser Getränk, eine Flasche Bier ohne Glas aber mit Serviette drum herum, bekommen hatten, begann die Show: Eine leicht bekleidete, mit einem Mikro bewaffnete Dame sprang auf den Tresen und schmetterte einen Song von Dolly Parton. Das Publikum grölte und klatschte begeistert mit. Während ich immer noch ganz perplex an meinem Bier nuckelte, hatte Superdolly ihre Darbietung beendet und wurde von einer sehr blonden, genauso leicht geschürzten Barbypuppe abgelöst. Wieder geriet das Publikum in Ekstase. Ich fragte mich, ob hier eine Neuauflage der allseits beliebten Serie ‚Dallas' gedreht wurde, denn einige der Männer trugen tatsächlich einen Stetson. Doch JR, Bobby und Ray waren nirgends zu entdecken. Alan, der sich köstlich amüsierte, warf mir einen Seitenblick zu. „Ist das hier in Ordnung für dich? Möchtest du lieber gehen?" Ich grinste ihn an. „Das ist schon ganz klasse hier, allerdings hoffe ich, dass die Damen sich nicht weiter ausziehen." Er grinste zurück. „Keine Sorge im prüden Amerika wird sich nicht in aller Öffentlichkeit ausgezogen, das geschieht eher heimlich."

Nachdem ich mich an diese Art der Darbietung gewöhnt hatte, genoss ich den Abend. Die Interpretinnen wechselten sich ab, indem die eine vom Tresen herunter und die andere hinauf sprang, wobei zum Teil richtig gute Countrymusic geboten wurde. Das Publikum war begeistert, ohne aufdringlich zu sein und das Bier aus der Flasche gehörte einfach dazu.

Am nächsten Morgen wurde ich vom Duft eines frisch gebrühten Kaffees geweckt. Verschlafen blinzelte ich. Tatsächlich befand sich ein Plastikbecher mit dem duftenden Inhalt auf meinem Nachttisch.

„Sorry, aber Porzellangeschirr gibt es hier nicht. Auch deine Frühstückswaffeln wirst du mit Kunststoffbesteck vom Plastikteller essen müssen." Alan hob bedauernd die Schultern. Ich nippte von meinem erstaunlich wohlschmeckenden Kaffee. „Das macht nichts, solange der Zimmerservice so gut funktioniert." Alan warf sich ein Handtuch über den

Arm und mimte den Oberkellner. „Jawohl, Mylady, das tut er. Im Fahrstuhl ist mir ein älterer Herr begegnet, der auch mit zwei Kaffeebechern bewaffnet war. For your Lady? hat er mich gefragt und auf meine bejahende Antwort hat er mir wohlwollend zugenickt. Good Guy, meinte er. Dem ist ja wohl nichts hinzuzufügen." Langsam stellte ich den Kaffeebecher ab. „Bevor ich die Note ‚Eins' vergebe, müsste ich erst einmal testen, WIE gut der Service funktioniert …"

„Heute steht eine interessante Sache auf dem Programm. Wir fahren nach Lynchburg und schauen uns an, wie ‚Jack Daniels' hergestellt wird. Bestimmt können wir nach der Besichtigung der Distillery auch noch einen guten Tropfen probieren." Alan war ganz begeistert von dieser Tour. Er, als ausgesprochener Whiskeykenner, interessierte sich natürlich brennend für die Besichtigung. Noch mehr schien er sich allerdings für die anschließende Whiskeyverkostung zu begeistern.

Lynchburg entpuppte sich als eine zauberhafte Kleinstadt mit Südstaatencharme. Hier schien die Zeit stillzustehen und jedermann ging ganz gemächlich seinen Tätigkeiten nach. Rund um den Marktplatz gab es kleine, bunt gestrichene Holzhäuser, die in ihrem Inneren auf alt getrimmte, dämmrig kühle Läden verbargen. Der eine oder andere Müßiggänger hatte es sich auf einem der urigen, wackelig aussehenden

Holzstühle bequem gemacht, die auf der umlaufenden Veranda standen, und hielt ein Nickerchen. Auf dem Weg zur Distillery überquerten wir eine Brücke, welche über ein klares Flüsschen führte. Aus diesem Wasser wird wirklich der legendäre Whiskey gebraut, wie uns der Latzhosen tragende und gemütlich – pummelige Guide während der Tour erklärte. Viel mehr verstand ich allerdings nicht von seinen Ausführungen. Dieser Mann schien ständig auf einem Handtuch zu kauen, anders konnte ich mir sein Kauderwelsch nicht erklären. Trotzdem erwies sich die Führung als interessant, denn es gab jede Menge zu sehen: Riesige Bottiche mit Maische, eine beeindruckende Anlage zur Destillation, kunstvoll aufgeschichtete Holzstapel, riesige Stapel mit Fässern, die gut gefüllt und auch leer waren. Last, but not least der kleine, kristallklare See, der 1870 den Ausschlag gab, um die Distillery zu bauen. Nach dem obligatorischen Gruppenfoto ging es endlich in eine urige Kneipe. Alan rieb sich die Hände. „Du hast versprochen zurückzufahren", erkundigte er sich vorsichtshalber noch einmal. Ich nickte. „Ja, klar, dann kannst du in Ruhe Whiskey verkosten." Die freundliche Bedienung hatte schon Gläser gefüllt und bot uns jetzt einen Drink an. Vorsichtig schnüffelte ich an meinem Glas, um es dann in einem Zug zu leeren. Inzwischen hatte sich Alan mit der Dame am Ausschank auseinandergesetzt und stapfte wutschnaubend auf mich zu. „Die spinnen, die Amis", grummelte er. „Es ist nix mit einem gepflegten Drink. Zitronenlimonade gibt es hier und sonst nichts!" Wie er soeben erfahren hatte, liegt Lynchburg im ‚Dry Country', was bedeutet, dass dort wohl Alkohol produziert, aber nicht ausgeschenkt werden darf. Dieses Gesetz ist ein Überbleibsel der Prohibition. Es kann nur aufgehoben werden, wenn genügend Einwohner der Stadt dagegen stimmen. Leider leben in Lynchburg einfach nicht genug Einwohner, um das Gesetz zu kippen. Es besteht die Möglichkeit, eine Flasche Whiskey als Souvenir mitzunehmen, allerdings ist es unter strengster Strafandrohung verboten, die Flasche in der Trockenzone zu öffnen, ja sie im Führerhaus des Autos zu transportieren. So beendeten wir den Tag mit einem Drink an der Hotelbar. „Ein Glück, das Nashville nicht auch trocken ist ", meinte Alan lakonisch, als er genüsslich an seinem Jack Daniels nippte. Ich stimmte ihm voll und ganz zu, denn auch in den USA gibt es einen guten Rotwein.

Nashville erwies sich als eine interessante Stadt. Wir besichtigten das Parthenon, in dem sich eine Galerie befindet, und das die größte, sich in einem Gebäude befindende, (Athene) Statue beherbergt. Wir schauten uns das Fort Nashborough an, welches sich inmitten der Stadt befindet, bestaunten das Hardrock Café und besuchten eine Kneipe, in der das Bier nach einem deutschen Rezept gebraut wird.

Alan zeigte mir eine Mall, in deren Mitte sich eine kleine Werkstatt befindet in der Fender Gitarren hergestellt werden. Doch noch viel mehr begeisterten mich die vielen kleinen Boutiquen und unterschiedlichsten Läden. Hier gab es wirklich alles, was das Käuferherz begehrte. Vor einem Schaufenster blieb ich stehen. „Diesen Rock muss ich unbedingt einmal probieren." Wenig später pfiff Alan anerkennend durch die Zähne. „Wenn du dieses Etwas von Schottenrock wirklich zu Hause trägst, dann empfehle ich dir einen Waffenschein." Ich lächelte ihn zuckersüß an. „Den Waffenschein würde ich lieber dir empfehlen, mein Bester, denn ich werde diesen Rock ganz sicher kaufen."

„Heute lernst du eine gute Bekannte kennen." Wir hatten uns schweren Herzens von Nashville verabschiedet und waren, nach einem kurzen Aufenthalt in Louisville, auf dem Weg nach Leitchfield, wo wir den letzten Tag bei Cathy und Larry verbringen wollten. „Die beiden sind sehr unkompliziert und nett", hatte Alan meine Bedenken zerstreut, denn es erschien mir schwierig bei Leuten zu übernachten, die ich nicht kannte und deren Sprache mir im täglichen Umgang einige Schwierigkeiten bereitete. Wie es sich herausstellte, arbeitete Cathy, eine füllige, hochtoupierte Wasserstoffblondine bei einer Einrichtung, die Teile für Alans Firma fertigte. Während er sich heute um seine Arbeit kümmerte, versuchte ich, ein Gespräch mit Cathy zu führen, was sich als äußerst mühsam erwies. Sie sprach schnell, ohne Punkt und Komma, dachte gar nicht daran, ihre Sprechweise meinen mangelnden Kenntnissen anzupassen. So gab ich nach einiger Zeit auf, beschränkte mich darauf, ab und zu bejahend zu nicken, um mich so schnell wie möglich abzusetzen. Wirklich gelang mir das mühelos, denn scheinbar war Alans Bekannte froh, diese wortkarge, etwas dümmlich wirkende Person los zu werden.

Bald schlenderte ich durch den Ort, der, wie Alan mir versichert hatte, eine typisch amerikanische Kleinstadt war. Ich konnte nur staunen, denn das Bild, welches sich mir bot, entsprach so gar nicht meinen Erwartungen. „Trostlos", diese Vokabel fiel mir als Erstes ein und je weiter ich ging, umso trostloser kam mir Leitchfield vor: Das Trottoir unter meinen Füßen war meist schadhaft und endete an staubigen Vorgärten, in denen graue Pflanzen versuchten, mit der offensichtlichen Trockenheit fertig zu werden. Dahinter duckten sich ebenso graue Holzhäuser, meist mit Veranda, auf der eine Holzschaukel rostig vor sich hin knarzte. Kaum jemand war zu sehen, der Ort schien merkwürdig menschenleer zu sein. Ich kam mir vor, als ob ich mich erfolgreich auf eine Zeitreise in die 50er begeben hätte. Es hätte mich nicht gewundert, wenn James Dean mit seinem Porsche Spider um die Ecke ge-

schossen gekommen wäre, um den Ort aufzu-
mischen. Bald war ich am Ortsende angekommen, machte mich auf den Rückweg und
kam passend zur Abfahrt.

Cathy dirigierte uns aus der Stadt. Es ging eine
schnurgerade schmale Straße entlang, an der
hin und wieder ein Haus stand. Nach einigen
Kilometern Pampa hielten wir vor einem
schlichten Holzhaus. Die Tür öffnete sich und
heraus kam ein unglaublich dünner Mann.
„Das ist Larry", klärte Alan mich auf, während
Cathy ihren Mann sofort unter Wortfeuer
nahm. Larry sagte erst einmal nichts, lächelte
entschuldigend und nickte freundlich zu den
Ausführungen seiner Frau. Schließlich wandte
er sich uns zu. „Welcome I'm Larry, make
yourself at home." Dieses „fühlt euch wie zu
Hause" klang wirklich nett und meine Laune
besserte sich zusehends.

Das Haus war bis unter das Dach mit Nippes
vollgestopft, hier ein Püppchen, dort ein Tier
aus Porzellan, daneben ein spitzenbesetztes
Kissen, rosa Rüschen an den Vorhängen und
den Deckchen. Als kleines Mädchen hatte ich
mir immer ein Puppenhaus mit dieser Ausstat-
tung gewünscht, so etwas gab es also wirklich.
Allerdings schien sich Larry in einem Punkt
durchgesetzt zu haben, denn an einer Wand
prangte ein riesiges Aquarium, in dem ein
Gartenschlauch hing. Zu unserem Erstaunen
erklärte uns der begeisterte Aquarianer, dass er
dabei war, das Wasser neu aufzufüllen. „Die

Fische hier scheinen abgehärtet zu sein", flüsterte Alan mir zu. Inzwischen hatte sich Cathy in der Küche zu schaffen gemacht und zauberte in kurzer Zeit ein fantastisches Dinner.

Während des Essens dominierte sie die Unterhaltung. Ich schaute ihr fasziniert zu, erstaunt darüber, dass ein Mensch so viel reden und gleichzeitig essen kann. Nach dem reichhaltigen Mahl, dessen Reste alle zusammen auf eine große Platte geschaufelt wurden, schaltete Larry den Fernseher ein. Es lief eine Tiersendung und er erklärte, dass dies seine Lieblingsreportage wäre. Langsam verzweifelte ich, denn während in Fernseher Löwen auf die Pirsch gingen, ließ Cathy ein weiteres Stakkato los, das ab und zu von Larrys trockenen Bemerkungen unterbrochen wurde. Ehe ich ganz begriffen hatte, was sie erzählte, war sie schon beim übernächsten Thema. Alan unterhielt sich prächtig, er hatte ja auch überhaupt keine Probleme, der Unterhaltung zu folgen. Er flirtete auf eine nette, harmlose Art mit Cathy. Ab und zu warf er mir einen besorgten und ziemlich irritierten Blick zu. Schließlich schützte ich Müdigkeit vor und zog mich ins Gästezimmer zurück, wo mich ein rosafarbener, spitzenbesetzter Bettüberwurf erwartete. Erstaunlicherweise schlief ich schnell ein, registrierte irgendwann schlaftrunken, dass Alan mich vorsichtig in den Arm nahm. „Alles in Ordnung mit dir", fragte er.

„Ich komme mir ziemlich doof vor", murmelte

ich und kuschelte mich ganz fest an ihn.

„Ach was, sei froh, dass du den Unsinn nicht verstanden hast, der heute verzapft wurde." Ich fühlte mich gleich besser und erkundigte mich interessiert: „Sag mal, was ist eigentlich mit den ganzen Essensresten passiert? Die packt Cathy uns aber nicht als Proviant ein?" „Keine Sorge", grinste Alan. „Die hat der Hund gekriegt. George ist eine riesige Promenadenmischung. Er ist vorwiegend draußen, versucht die vorbeifahrenden Autos zu überholen und scheint den Müllschlucker zu ersetzen."

„Echt? Aber es waren doch jede Menge kleine Hühnerknochen dabei, macht das den Hund denn nichts?"

„Wie ich bereits sagte, die Tiere hier sind ziemlich abgehärtet."

Am nächsten Morgen mussten wir früh los. Zu meiner großen Erleichterung schien Cathy ein Morgenmuffel zu sein, denn sie gab sich, für ihre Verhältnisse, recht wortkarg. Auch Larry schien die Morgenstunden zu genießen, denn er nutzte die Gelegenheit um, für seine Verhältnisse, viel zu erzählen. Ihn verstand ich recht gut, denn er sprach gemächlich, nahm sich Zeit und wartete auf meine Antwort. Alan lächelte mich an. „Na siehst du, es geht doch! Ups, jetzt hätte ich fast vergessen mir einen Schraubenzieher zu leihen."

„Sag bloß nicht … du willst tatsächlich …"

Er hat es getan und seit einiger Zeit habe ich an meiner hinteren Autoscheibe ein Kennzeichen aus Illinois.

Was wollen sie denn in Dänemark?

Alles hatte damit angefangen, dass Alan den Satz äußerte. Hätte er das gelassen, so wäre uns einiges erspart geblieben. Aber er sagte es nun mal.

Wir saßen, wie so oft, gemütlich in der Küche; ich lesend, Alan computernd. Ich war gerade im spannenden Teil meines Romans angekommen: Sie kriegten sich nach all den tausend Missverständnissen. Plötzlich drang der Satz in mein Bewusstsein, krallte sich im Mittelohr fest und ließ mich aufhorchen. „Ich möchte mal ne Woche wegfahren, einfach entspannen." Das ließ meine bessere Hälfte tatsächlich so nebenbei fallen. Dabei hatten wir beschlossen, in diesem Jahr auf den Urlaub zu verzichten und lieber alle dringend erforderliche Reparaturen am Haus machen zu lassen. Und jetzt das! Ich legte den verarmten, aber edlen Gutsbesitzer und die schöne, unschuldig in Not geratene Verwaltertochter auf der Spüle ab, wohl wissend, dass sich doch alles zum Guten wenden würde, und schaute meinen Versucher prüfend an.

„Guck nicht so über den Brillenrand, ich meine ja nur …", murmelte dieser in seinen Laptop. „Es muss kein teurer Urlaub sein. Einfach eine Woche mit den Dackeln im Ferienhaus." „Mein lieber Mann, wie ich dich kenne, bist du auch gerade zufällig auf ein entsprechendes Angebot gestoßen." Jetzt grinste er breit. „Wie der Zufall es will, habe ich hier ein schnuckeliges Ferienhaus in Dänemark auf dem Bildschirm. Kannst es dir ja mal anschauen, gucken kostet nichts." Neugierig geworden schaute ich ihm über die Schulter. Wirklich, hier wurde ein nettes kleines Ferienhaus direkt am Wasser angeboten, das einen hübschen blauen Anstrich hatte. Die Fotos waren ansprechend und die Einrichtung sah nagelneu aus. Zu dem Häuschen gehörte ein riesiges, gepflegtes Grundstück, sodass die Hunde dort problemlos herumtollen konnten. „Das sieht ja fabelhaft aus, bestimmt ist es ziemlich teuer." „Nein, eben nicht. Schau doch mal, die Woche kostet gerade 150 Euro, inklusive Haustier. Wir wären schön dumm, wenn wir das Häuschen nicht mieten würden."

„Alan, das kann ich mir nicht vorstellen, irgendwo ist da ein Haken. Das ist einfach zu billig für ein so schönes Feriendomizil."

Alan nahm mich in den Arm und so war ich schon von vornherein überstimmt. „Du musst nicht alles so schwarz sehen, Kleine. Vielleicht haben wir einfach Glück. Ich buche das jetzt." Er gab mir einen Kuss auf die Nase und wandte sich seinem Laptop zu, um die Buchung zu tätigen.

Bis zum Urlaubsbeginn gab es noch einiges zu tun. Vor allem musste auf die Schnelle eine Bleibe für unsere Katze gefunden werden, was sich als gar nicht so einfach herausstellte. „Warum gibst du die Katze nicht im örtlichen Tierheim in Pension?", riet mir eine Arbeitskollegin. „Ich habe unseren Kater mehrfach dort untergebracht und war immer sehr zufrieden." Also schauten wir uns die Unterbringungsmöglichkeiten im Tierheim einmal an und waren angenehm überrascht. Einem einwöchigen Aufenthalt für unsere Lisa stand nichts im Wege.

Mit diesen und anderen Problemen verging die Zeit wie im Flug und schon standen wir, mit dem Katzenkorb bewaffnet, vor unserem misstrauischen Leisetreter. Denn eines hatte das Tier sofort begriffen: Es bedeutet nichts Gutes, wenn Herrchen und Frauchen so demonstrativ freundlich waren und versuchten den kleinen Behälter, in den sie ab und zu gesteckt wurde zu verbergen. „Du lockst sie mit dem Katzensnack an, ich packe sie und stecke sie in den Korb", raunte Alan mir zu. „Viel Vergnügen", murmelte ich zurück, wobei ich demonstrativ mit dem Leckerchen wedelte, um Lisas Aufmerksamkeit von dem sich anschleichenden Katzenfänger abzulenken. Das gelang mir nur bedingt. Das Tier, süchtig nach Geflügelsnacks, näherte sich zwar begehrlich, bemerkte aber im letzten Moment Alan und versuchte seinen zupackenden Händen zu entkommen. „Verdammt, aua", fluchte der lautstark, denn Lisa hatte sich für diese unfaire Attacke mit einem tüchtigen Hieb revanchierte. Trotz der Blessur hielt Alan das zappelnde, entrüstet maunzende und um sich kratzende Raubtier eisern fest, während ich versuchte, den Katzenkorb in Position zu bringen. Nach einigem hin und her hatten wir es tatsächlich geschafft: Lisa saß im Katzenkorb und gab jammernde Laute von sich. Verzweifelt schaute Alan mich an. „Ich weiß nicht, hör bloß mal, wie die Kleine jammert!" In diesem Fall kannte ich kein Erbarmen. „Du bist vielleicht lustig, erst buchst du den Urlaub, dann zappeln wir uns ab, um noch einen Platz für die Katze zu finden und jetzt kriegst du Skrupel!" Alan brachte es fertig wie ein gescholtener Junge zu gucken, während er sich ein riesengroßes Pflaster auf den kleinen Kratzer klebte, den ihm die erboste Katze verpasst hatte.

Im Tierheim angekommen erwartete uns eine freundliche Dame mittleren Alters. „Ist Lisa eine selbstbewusste Katze?", war ihre erste Frage nach der Begrüßung. „Ich würde sie gerne zu Felix geben, aber der ist ein ziemlich dominanter Kater."

„Lisa ist unheimlich anpassungsfähig, schließlich lebt sie mit zwei Dackeln zusammen – und mit uns", erklärte Alan trocken. So folgten wir der Dame in ein freundliches und geräumiges Katzenzimmer, in dem uns ein pechschwarzer Kater erwartete. „Wir hätten Felix schon so oft vermitteln können, aber er ist ein solcher Teufel. Immer will er die erste Geige spielen und hat sogar die Kinder in seiner letzten Pflegefamilie gekratzt", erklärte die Dame.

Felix schien das Gegenteil beweisen zu wollen, denn er benahm sich ausgesprochen gut. Er strich uns schmeichelnd um die Beine und lugte vorsichtig in den geöffneten Katzenkorb. Lisa, neugierig geworden, streckte ihren Kopf vor. Sie tastete sich Schritt für Schritt aus dem ärgerlichen Gefängnis. Felix musterte sie interessiert, stupste sie zärtlich mit der Nase an. Lisa erwiderte sein Freundschaftsangebot, was die Mitarbeiterin des Tierheims dazu veranlasste, staunend den Kopf zu schütteln. „Das ist ja unglaublich. Die beiden scheinen sich auf Anhieb zu verstehen."

Warnend schaute ich Alan an, denn ich ahnte, was jetzt kommen würde. „Wenn die beiden sich so gut verstehen, dann könnten wir uns überlegen, ob wir Felix nicht nach unserem Urlaub zu uns nehmen."

„Jetzt fahren wir erst einmal für eine Woche weg und dann schauen wir weiter", warf ich hastig ein. Dieser Mann brachte es fertig, den Kater sofort zu adoptieren.

„Dann wünsche ich einen schönen Urlaub. Wo soll's denn hingehen?", erkundigte sich die nette Dame.

„Wir haben für ein paar Tage ein Ferienhaus in Dänemark an der Ostseeküste angemietet."

„Na dann packen sie sich warme Sachen ein, denn es kann dort um diese Zeit schön kalt werden."

„Da vorne muss es sein, Alan!" Ich wies auf die Tankstelle, die ein paar Meter vor uns lag. Hier sollten wir den Schlüssel zu unserem schnuckeligen Ferienhaus abholen. Alan parkte den Wagen. „Ich hole den Schlüssel eben ab, du bleibst besser hier im Auto bei den Hunden", meinte er und war auch schon ausgestiegen. Wenig später kam er grinsend mit einem Schlüsselbund in der Hand zurück. „Das war unkompliziert. Allerdings hat die Frau die mir den Schlüssel gegeben hat weder englisch, noch deutsch gesprochen und dänisch kann ich ja leider nicht. Ich habe ihr die Reisebestätigung gezeigt. Daraufhin sie hat mir einfach den Schlüssel in die Hand gedrückt und sich nicht weiter um mich gekümmert. Ach noch etwas: Eine Kaution brauchte ich gar nicht zu hinterlegen, obwohl das ausdrücklich in den Unterlagen gestanden hat." Er startete den Motor. „Auf in den Endspurt."

„Dem Navi nach müssten wir gleich da sein, die Straße stimmt. Schau doch mal, ob du die Hausnummer 3 findest", sagte er wenig später. Von wegen Straße, wir fuhren einen Schotterweg entlang, an dem sich die verschiedensten Ferienhäuser befanden. Alles war vertreten, reetgedeckte Villen, hübsche bunte Holzhäuschen, baufällige Kotten und bessere Geräteschuppen. Hier sollte also auch unsere Bleibe für die nächste Woche sein. Interessiert schaute ich mich um, ohne allerdings das Haus Nummer Drei zu sichten. Doch etwas anderes fiel mir auf: „Sag mal, Alan, sollte das Haus nicht direkt am Meer liegen? Ich sehe überhaupt kein Wasser, außer dem, welches gerade vom Himmel schüttet natürlich." Es regnete in Strömen.

„Bleib cool, Schatzy", meinte mein notorischer Optimist beruhigend. „Sicher finden wir das Haus gleich und dahinter siehst du dann das blaue Meer."

„Klasse, bei dem ollen Regenwetter wird mich das Meer bestimmt blau anblinken. Das sehe ich ganz genau so." Sagte ich bereits, dass ich keine notorische Optimistin bin?

„Hier ist der Weg zu Ende, ich wende den Wagen. Bestimmt haben wir das Häuschen übersehen", Alan ließ sich nicht aus der Ruhe bringen. Er wendete den Wagen und wir fuhren die Strecke noch einmal ab, ohne das auf dem Foto abgebildete Haus zu finden. Beim dritten Versuch konzentrierte ich mich nur auf die Hausnummern und wurde endlich fündig. Von einem klapperigen Briefkasten, der vor einer verwahrlosten Grundstückseinfahrt stand, blätterte die Nummer Drei ab. „Stopp, ich glaube hier ist es."

Alan musterte die Einfahrt. „Hier war schon länger kein Gärtner mehr, glaube ich. Aber das

Häuschen ist dafür um so toller." Ich schaute ihn zweifelnd an, verkniff mir aber jede Bemerkung. Wir fuhren auf das Grundstück und standen zunächst erst einmal vor einem riesigen Dschungel aus Wildkräutern, hinter dem wir im Regen ein düsterschwarzes Haus ausmachen konnten.

„Hier war auch schon länger kein Gärtner mehr, was!" Diese Bemerkung konnte ich mir nicht verkneifen.

Die Wildkräuter hatten den Vorgarten völlig überwuchert, trotzdem fuhr Alan auf den dunkel zu erahnenden Standplatz. Zögernd stieg ich aus dem Auto und schaute mir das Haus genauer an. Die Konturen stimmten einigermaßen, aber das Haus auf dem Foto war lustig blau gewesen und nicht pechschwarz. Außerdem war diese Behausung genauso heruntergekommen und verwahrlost wie der Rest des Grundstücks. Allerdings erahnte man dort, wo die schwarze Farbe abblätterte, den blauen Anstrich. Alan ging entschlossenen Schrittes in Richtung Eingangstür. „Du wirst sehen, von innen ist das ein klasse Ferienhaus." Er konnte wirklich unerträglich optimistisch sein. Ich folgte ihm verzagt. Nachdem er nach einigem Bummern und Rütteln die Tür geöffnet hatte, standen wir in unserem ‚Traumhaus'.

Zuerst stieg mir der muffige Geruch nach ungeheizten, feuchten Räumen und ungelüftetem Bettzeug in die Nase. Auch hier erahnte man, dass es sich um das angebotene Ferienhaus handelte, allerdings war die Einrichtung alles andere als neu, die elektrischen Leitungen einfach an den Wänden festgenagelt, die Heizkörper verrostet.

„Ich verstehe das nicht. Wer hier die Fotos gemacht hat, verdient den ersten Preis beim Wettbewerb ‚Das Schummelfoto des Jahres'!" Entgeistert setzte ich mich auf das Sofa, welches entrüstet aufknarzte und eine Feder in meinen Allerwertesten piekte. Schnell stand ich wieder auf. Alan schaute mich kurz an. „Ich hole jetzt die Hunde aus dem Auto, die sind froh nach der langen Fahrt raus zu kommen. Anschließend schauen wir uns die oberen Räume an." Sprach's und war blitzartig zur Tür hinaus. Er ließ sich reichlich Zeit, sodass ich Gelegenheit hatte, mir die Küche anzusehen. Auch hier war das spärlich vorhandene Mobiliar alt und abgenutzt. Gleich neben der Küche ging es ins Badezimmer. Ich öffnete die Tür und stand da wie vom Donner gerührt. Neben der Toilette befand sich ein kleines Spülbecken, das einige Risse aufwies. Wo normalerweise die Armaturen angebracht sind, hatte dieses Teil ein Loch. Die Wand hinter dem Becken verzierten malerische braune Rostflecken. Darüber gab es einen Wasserhahn, der an zwei alten Metallrohren hing - zwei Rohre, offensichtlich kaltes UND warmes Wasser, ein Glücksfall also. Über dieser Luxusarmatur tröpfelte traurig ein popliger Duschkopf vor sich hin. Mitten im Boden befand sich ein Gully und in einer Ecke lehne ein Abzieher für Zwerge denn das Ding hatte einen Stiel von höchstens 40 cm Länge. Einige schäbige Holzregale komplettierten das Luxusbad.

Inzwischen war meine bessere Hälfte mit den Dackeln im Schlepptau aufgetaucht und verbreitete gute Laune. „Murphy und Emma gefällt es hier." Wirklich schnüffelten die beiden interessiert in jeder Ecke herum.

„Kein Wunder, in dieser stinkenden Bruchbude fühlt sich so ein Dackel sauwohl. Hast du gesehen, wie verrostet die Heizkörper sind? Riechst du den Mief von tausend Übernachtungen? Und vor allem, bitte schau dir das Bad an!" Demonstrativ riss ich die Tür zum Badezimmer auf. Alan steckte den Kopf in den Raum und schaute sich interessiert um. „Jaa, hmm", brummelte er.

„Was, jahm?"

„Also ich habe schon schlechter geschlafen und die Vorrichtung hier erinnert mich stark an eine Campingdusche. Wir lüften einmal tüchtig durch, dann riecht es nicht mehr. Du musst zugeben, dass die Einrichtung zwar ein wenig abgenutzt, das Haus aber tadellos sauber ist. Hast du den tollen Kanonenofen bemerkt? Der ist ja knuffig. Übrigens: der Blick aus dem Schlafzimmerfenster ist toll, man kann das Meer sehen." Ungläubig schaute ich meinen verrückten Ehemann an. „Du willst wirklich hier bleiben", stellte ich konsterniert fest. Alan nickte. „Ja, mir bleibt gar nichts anderes übrig. Ich habe zwei Termine mit Kunden gemacht. Wo wir sowieso in der Ecke hier sind, war das naheliegend. Ich habe dir das noch sagen wollen und konnte doch wirklich nicht ahnen, dass sich unser hübsches Ferienhaus als olle Bruchbude entpuppt." Er nahm mich in den Arm. „So schnell lässt sich keine andere Bleibe organisieren und beschweren hat wenig Sinn. Die Frau, von der ich den Schlüssel habe, versteht kein Wort. Ich fürchte wir sitzen hier fest und das ist meine Schuld." Eigentlich sollte ich stocksauer auf ihn sein, aber irgendwie konnte ich das jetzt auch nicht. Er hatte nicht ahnen können, was uns hier erwartete. Also kuschelte ich mich in seinen Arm.

Wir lüfteten das Haus erst einmal und befeuerten anschließend den, zugegebenermaßen, tollen Kanonenofen. In unmittelbarer Nähe des Hauses befand sich ein stattlicher Holzstapel, aus dem sich Alan bediente. „Das Holz gehört bestimmt hier zum Haus und ist ein Extraservice für die Feriengäste." In Sachen Ofenfeuerung nicht bewandert, stopfte er das Teil bis oben voll. Anzünder, Späne, Holz, der Ofen platzte fast aus allen Nähten. Anschließen steckte er das Ganze an und schloss schnell die Ofenklappe, sonst wäre ihm das Feuerungsmaterial auf die Füße gefallen. „Jetzt wird es gleich warm und gemütlich", mit einem behaglichen Seufzer ließ er sich in einen Sessel

plumpsen und sank prompt fast bis zum Fußboden ein. Skeptisch setzte ich mich auf eine
Sofakante, zum einen, weil die Stelle, an der
mich die Sprungfeder gepiekst hatte noch immer wehtat, zum anderen, weil ich den Qualitäten meiner besseren Hälfte in dieser Hinsicht
nicht traute, was sich als richtig herausstellte.
Statt der versprochenen behaglichen Wärme
erfüllten binnen kurzer Zeit dicke Qualmwol-
ken das Zimmer. Hustend rissen wir die Fenster auf, um gleich den immer noch strömenden
Regen um die Ohren gehauen zu bekommen.
Was tun? Wir sahen uns ratlos an, denn die
Ofentür zu öffnen schien unmöglich zu sein,
da der Herd ja bis oben hin vollgestopft war.
Die Rettung nahte in Form eines Nachbarn,
der in einem Regenmantel steckend und mit
riesigen Gummistiefelschritten durch den
Wildkräuterdschungel brach. Sichtlich erregt
rief er etwas dänisches, wechselte aber, als er
unsere ratlosen Gesichter bemerkte ins Deutsche über. „Brennt es? Kann ich helfen? Feuerwehr? Ihr seid doch Deutsche?" Offensichtlich hatte der nette Nachbar den Qualm
bemerkt und war in helle Aufregung geraten,
da er einen Hausbrand vermutete. Gott sei
Dank rief er nicht gleich die Feuerwehr, sondern lief zunächst einmal zu uns hinüber, um
sich von einem möglichen Brand zu überzeu-
gen und schnell zu helfen. Ins Haus gebeten
bedachte er uns mit einem vernichtenden Blick
und zog an einem Hebel, der sich über dem

Ofen befand. „Abzugsklappe", belehrte er uns. „Musst du immer erst ziehen, sonst qualmt`s." Abrupt drehte er sich um und stapfte über das Grundstück davon. Alan und ich sahen uns an. „Den haben wir ganz schön verärgert, was", meinte Alan trocken, doch er irrte sich. Nachbar Knut, der Name eines großen dänischen König, wie er im Laufe des Abends mehrfach betonte, kam schon wieder zurück, tropfte in unser Wohnzimmer und zog eine Flasche Aquavit unter seinem Regenmantel hervor. „Willkommen im Königreich Dänemark", mit diesen Worten komplettierte er die Grundausstattung mit den passenden Pinnchen.

Eine halbe Flasche Aquavit später, die Fenster waren geschlossen und die Sicht wieder klar, fragte König Knut, der inzwischen den Regenmantel und die Gummistiefel abgelegt hatte: „Was wollt ihr denn jetzt in Dänemark? Es ist kalt, stürmisch, regnerisch und überhaupt nichts los."

„Komisch, das Gleiche haben meine dänischen Kunden auch gesagt."

Klasse, das hätte Alan der Pyromane, mir auch vorher erzählen können.

„Och weißt du, Knuti, es ist doch trotzdem schön hier und jetzt, wo ich den Ofen im Griff habe auch richtig heimelig. Darauf sollen wir noch einen trinken."

Das ließ sich Knut der Dänenkönig nicht zweimal sagen und goss die Gläser randvoll.

Am nächsten Morgen wurde ich von den Dackeln geweckt, die vorwurfsvoll neben mir auf dem Bett saßen und nach ihrem morgendlichen Spaziergang verlangten. Meine bessere Hälfte schnorchelte noch vor sich hin. Ich hatte mich von den Männern verabschiedet, als der hilfsbereite Nachbar sich aufmachte, um die zweite Flasche Aquavit zu holen. Irgendwann war Alan dann ins Schlafzimmer gekommen und ließ sich aufs Bett plumpsen. „Diese Dänen sind äußerst trinkfest", lispelte er, „aber ich habe mein Vaterland tapfer verteidigt." Mit diesen heroischen Worten schlief er ein.

Ich zweifelte stark daran, dass er heute früh in der Lage wäre, das Vaterland alkoholtechnisch, oder sonst wie zu verteidigen. Also ließ ich den tapferen Kämpen erst einmal ausschlafen und ging unter die Dusche. Jedenfalls versuchte ich es. Der Duschkopf streute in alle Richtungen, sodass die komplette Badezimmereinrichtung kladder nass wurde, ich mich aber nur mit Müh und Not abduschen konnte. Insgeheim musste ich allerdings den Konstrukteuren dieser ausgeklügelten Großraumnasszelle meinen Respekt zollen, denn einzig das Toilettenpapier und die an den hierfür eingeschlagenen Nägeln aufgehängten Handtücher wurden nicht nass. Eine technische Meisterleistung also. Auch das anschließende Abflitschen mit dem Zwergenabzieher war mehr als mühsam. Ich zuckte die Schultern, so richtig erschüttern konnte mich das auch nicht mehr. Ich beschloss, erst einmal einen langen Spaziergang mit den Hunden zu machen. Wenigstens war es nur stürmisch und regnete nicht. Das Häuschen von König Knut lag noch im Tiefschlaf. Wahrscheinlich träumte der Dänenkönig von territorialen Eroberungen mit Hilfe von Aquavit und Gammeldansk. Wie von selber führte uns der Weg zum Meer, das in lauter kleinen Schaumwellen ans Ufer klatschte. Auf dem Rückweg kamen wir an einem winzigen Laden vorbei, in dem es alles für ein Frühstück zu besorgen gab. Na bitte, so sah die Welt doch schon wieder viel freundlicher aus.

„Bitte mach das Licht an, ich möchte ins Internet." Dieser im ersten Moment irritierende Ausspruch kam von meiner besseren Hälfte. Wie wir herausgefunden hatten, war nicht nur die sanitäre Einrichtung nach einem ausgeklügelten technischen System eingebaut worden, auch die Elektroinstallationen ließen jedem Heimwerker das Herz höher schlagen. Im Haus befanden sich in allen Ecken Lampen, rund, eckig, quadratisch. Eines hatten alle Lichtquellen gemeinsam: Sie passten nicht zur Einrichtung. Von diesen Lampen führte jeweils ein Kabel bis zum Fußboden, wo sich ein Schalter und eine Steckdose befanden, die auf dem Fußboden befestigt waren. Wie wir schnell bemerkt hatten, funktionierte die

Steckdose nur, wenn man den Schalter betätigte, was automatisch die Lampe leuchten ließ. Ich schaltete also das Licht ein und Alan seinen Laptop. Nach einer Weile fluchte er laut. „Das hätte ich mir denken können, warum sollte hier auch irgendetwas klappen!" Interessiert schaute ich ihm über die Schulter, während er mir den Grund seines Ärgers erläuterte. Er hatte einen USB-Stick für den mobilen Internetzugang, der nicht funktionierte. Alan war einigermaßen genervt, da er die Adresse des morgen zu besuchenden Kunden in seinem virtuellen Firmen Terminplaner notiert hatte. „Mist", schimpfte er. „Jetzt ist es zu spät im Büro anzurufen um die Adresse zu bekommen, aber ich glaube bis zum Kunden sind es 30 km. Ich rufe halt morgen früh an und erfrage die genaue Anschrift, das dürfte kein Problem sein."

Zu seinem Entsetzen erfuhr er am nächsten Tag, dass er nicht 30, sondern 130 km bis zum Zielort fahren musste.

Während meine bessere Hälfte also über die dänische Autobahn jagte, um einigermaßen pünktlich zu seinem Termin zu erscheinen, bekam ich unerfreulichen Besuch.

Ich hatte es mir gerade mit einer Tasse Kaffee gemütlich gemacht, als es gegen die Eingangstür bubberte. Ein bulliger Typ mittleren Alters stand davor, sein Kopf ähnelte von der Farbe her einem Feuermelder. Er gestikulierte wild und zeigte immer wieder auf den Stapel mit

Feuerholz, von dem wir uns seit ein paar Tagen bedient hatten und der bereits um einiges kleiner geworden war. Was er sagte, konnte ich nicht verstehen, kapierte aber durchaus, dass es sich um sein Feuerholz handelte, welches wir munter verheizten. Einigermaßen hilflos ließ ich den Mann schimpfen und war heilfroh, als sich Nachbar Knut sehen ließ. Wie ich richtig vermutet hatte, war das Feuerholz zwar bei uns eingelagert worden, stand aber noch lange nicht zur allgemeinen Verfügung parat. Knut sah die ganze Sache gelassen. „Hast du wohl Holz geklaut, was?", grinste er mich an. „Gib dem mal ein paar Kronen, dann hört er auf zu schreien." Also zückte ich mein Portemonnaie, froh die Sache so aus der Welt schaffen zu können. Der Mann zog zufrieden ab, hatte er doch einen Betrag bekommen, mit dem er seine Heizkosten für die nächste Zeit bezahlen konnte und auch Knut stapfte in Richtung Ferienhaus davon.

Am späten Nachmittag kam Alan erledigt zurück. Da er zu spät zu seinem ersten Kunden gekommen war, konnte er auch den zweiten Termin nur mit einer Verspätung einhalten. Mit einem schiefen Grinsen erzählte er mir, dass der zweite Kunde ihn gefragt hatte, wieso er denn bei der Kälte und dem Regenwetter in Dänemark Urlaub machen würde, was wir uns mittlerweile selbst fragten …

Nachtrag:
Wieder zu Hause holten wir unser Kätzchen Lisa aus dem Tierheim ab und mussten feststellen, dass sie und der ‚schwarze Teufel' Felix ein Herz und eine Seele geworden waren. Was soll ich sagen: Alan nahm mich in den Arm, und wie ich eingangs erwähnte, war ich somit schon überstimmt …

Whisky Cola – Alan erzählt

1975 - was für ein Jahr: Der Vietnamkrieg endete mit der Einnahme Saigons. Bill Gates gründete die Firma Microsoft. Für die Zeugen Jehovas bedeutete diese Jahreszahl den Untergang der Welt. Nicht weil 1975 zum Internationalen Jahr der Frau erklärt wurde, viel mehr zählte man nach ihren Berechnungen 6000 Erdenjahre und somit das Ende aller Zeiten. In China brachen 61 Staudämme und die Insel Hawaii wurde von einer 15 Meter hohen Flutwelle überrollt. Die Volljährigkeit ab 18 trat am 1.Januar in Kraft und die Opec erhöhte die Ölpreise um 10 %. Charly Chaplin wurde zum Ritter geschlagen. Die Sex Pistols traten zum ersten Mal auf und die Metal Band Iron Maiden wurde gegründet.
Der Mann von Welt benutzte das unglaublich intensiv duftenden ‚Brut' After Shave und trank Weinbrand- oder Whisky - Cola.

Ich war gerade einmal 21 Jahre alt, stolzer Besitzer eines alten Mercedes 200 und natürlich fuhr ich kein Dieselfahrzeug, sondern einen Benziner. Mit diesem Prachtschlitten verbrachte ich meinen ersten richtigen Urlaub mit meiner ersten richtigen Freundin in Schottland. Zwar war unsere Finanzlage alles andere als rosig, doch das störte uns wenig. Wir suchten jeden Tag aufs Neue das günstigste B&B Angebot, was damals nichts anderes hieß, als nach den entsprechenden Schildern Ausschau zu halten um Unterkunft und Preis zu erfragen. Eine so segensreiche Einrichtung wie die ‚Tourist Information' gab es leider noch nicht. Auch den Eintritt ins Edinburgh Castle konnten wir uns nicht leisten, doch das tat unserer Begeisterung keinen Abbruch. Wir schauten uns die Burg soweit möglich von außen an und fanden das richtig cool. Unsere erste Übernachtung hatten wir nahe Edinburgh. Beim Frühstück nuschelte die Zimmerwirtin in ihren nicht vorhandenen Bart. Weder meine Freundin noch ich verstanden ein Wort. „Do you like grapefruit or orangejuice?", fragte sie uns so langsam, als würde sie mit einem Kleinkind sprechen. „I'd like to have coffee, please", war meine Antwort. Warum die Person sich grinsend entfernte, konnte ich nicht ahnen.

Von Edinburgh ging es weiter in Richtung Inverness.

„Schau bloß mal, ich glaube der Mann hat eine Panne oder ihm ist das Benzin ausgegangen."

Meine Freundin deutete auf einen Schotten, der mit einem Kanister bewaffnet am Straßenrand stand und uns verzweifelt zuwinkte. Nachdem ich angehalten hatte, riss er eine Tür auf und ließ sich auf den Rücksitz plumpsen. „Kein Benzin mehr?", fragte ich. Die Antwort war ein Schwall unverständlicher Laute, den ich keiner mir bekannten Sprache zuordnen konnte und der sich beim besten Willen nicht stoppen ließen. Wir tauschten einen hilflosen Blick. Während ich mich bemühte eine Tankstelle zu finden, redete der Mann unentwegt weiter. Das abrupte Schweigen und der anschließende gurgelnde Laut auf dem Rücksitz veranlasste mich vor lauter Schreck zu einer Vollbremsung. Ich drehte mich verärgert um. Der Schotte saß kerzengerade in seinem Sitz, der Mund stand sperrangelweit auf, während er verblüfft das Armaturenbrett musterte. „Du hast das Steuer ja auf der falschen Seite", stammelte er in reinstem Hochenglisch.

„Ja klar, wir kommen auch aus Deutschland."

Während wir die nächste Tankstelle ansteuerten, führten wir eine nette Unterhaltung, wobei sich unser Mitfahrer sprachtechnisch alle Mühe gab und wir ihn tatsächlich prima verstanden. „Wenn ihr eine günstige und gute Unterkunft haben wollt, so versucht es doch mal im ‚Old Lion' in Carrbridge. Das ist nicht weit von Inverness entfernt. Der Pub gehört meinem Cousin und wenn ihr ihm schöne Grüße von mir ausrichtet, dann macht er euch einen Sonderpreis."

Das ‚Old Lion' erwies sich als uriger kleiner Pub mit einem ebenso originellen wie freundlichen Wirt, der uns tatsächlich einen Cousinrabatt gewährte. Während sich meine Freundin für das Abendessen zurecht machte, ging ich schon in den Schankraum um mir einen Drink zu genehmigen. Wie oben erwähnt trank ich, als Mann von Welt, gewöhnlich ein Gemisch aus Weinbrand und Cola. Doch hier, im Mutterland des Whiskys, konnte ich dieses Getränk unmöglich bestellen und so orderte ich „einen Whisky Cola". Der Barkeeper musterte mich stumm von oben bis unten.

„Einen Whisky Cola", versuchte ich erneut mein Glück und wieder traf mich ein unverständlicher Blick. Wie der Blitz erkannte ich: hier sagte man ja gar nicht Cola, sondern Coke. „Eine Coke mit Whisky, bitte."

Der Barkeeper schien verstanden zu haben, denn er wies mit dem Daumen hinter sich auf eine Flaschenbatterie. Hier reihten sich unüberschaubar viele Whiskyflaschen aneinander. „Ich nehme Johnny Walker." Das war die einzige Sorte die ich auf die Schnelle anhand der Flasche erkennen konnte. Der Barkeeper angelte sich achselzuckend die entsprechende, ziemlich verstaubte Flasche und maß einen mindestens doppelten Whisky ab. Anschließend füllte er ein Glas mit Cola und stellte beides vor mir auf dem Tresen ab.

Zweifelnd musterte ich meine Drinks, der Mann hatte mich wohl immer noch nicht richtig verstanden. Das Colaglas war britisch randvoll und so trank ich zunächst einige Schlucke ab, um den Whisky in das nun halb leere Glas zu füllen. Der Keeper hatte bewegungslos und mit verschränkten Armen am Tresen gelehnt, schien sich irgendwo im Nirvana zu befinden, doch jetzt kam Bewegung in den Menschen. Er stürzte auf mich zu, riss mir beide Gläser aus der Hand, sodass sich der Inhalt über den ganzen Tresen verteilte, und brüllte: „Not in my pub!"

Während ich ihn verblüfft anstarrte erklärte er mir folgendes: „Junger Mann, du kannst trinken was du willst, sogar diesen", er machte eine Pause, schüttelte sich, „sogar diesen Johnny Walker und von mir aus auch Cola. Doch du wirst in diesem Pub nichts in den Whisky schütten." Er griff hinter sich, nahm eine Flasche aus dem Regal und schüttete mir fast liebevoll einen neuen Drink ein. „Das ist jetzt ein Single Mail", erklärte er. „Dieses Göttergetränk nimmst du pur. Es sollte Raumtemperatur haben und nicht durch Eis oder Wasser verpanscht sein, alles andere ist eine Majestätsbeleidigung."

Ich probierte zögernd, ließ das leicht torfige Aroma über die Zunge gleiten. Das war ein ganz anderer Geschmack, aber, my goodness, er war gut. Ich nickte anerkennend, was mir ein kräftiges Schulterklopfen von Seiten des

Barkeepers einbrachte.

Beim anschließenden Essen mit meiner Freundin grinste mich mein neuer Freund immer wieder an. „Was hat er bloß, steht der auf dich?", fragte sie schließlich konsterniert. „Ach was, wir haben vorhin festgestellt, dass wir beide die gleichen Trinkgewohnheiten haben!"

Das ist schon eine ganze Weile her. Ich habe inzwischen einige Reisen unternommen und Schottland noch viele Male besucht, doch diese Urlaub wird immer etwas ganz besonderes für mich bleiben. Übrigens habe ich meinen Whisky nie wieder mit einer anderen Flüssigkeit vermischt...

I love Paris

„Wenn der mich noch einmal so anschmachtet. Dann weiß ich nicht, was passiert!" Verzweifelt verdrehte Alan die Augen, während ich mir das Kichern kaum verkneifen konnte. „Da, er tut es schon wieder!" Dieses Mal allerdings spitzte Alans Fan die Lippen und hauchte einen Kuss in seine Richtung. „Das wird mir hier zu ungemütlich und zur Toilette muss ich auch unbedingt." Ich prustete los. „Ja dann geh doch einfach. Toiletten gibt es hier."

„Du bist wohl jeck. Was soll ich denn machen, wenn der schwule Typ mir hinterher kommt?"

Wir saßen in unserer kleinen Stammkneipe in unserer Stadt. Wann immer wir es ermöglichen konnten, verbrachten wir ein paar Tage in Paris, denn hier fühlten wir uns beide wohl. Das Hotel am Montmartre war klein und ein bisschen schäbig. Der winzige Aufzug knarzte zum Gotterbarmen, man erwartete jeden Augenblick mit ihm stecken zu bleiben. Alles wirkte ein wenig abgenutzt, aber mit etwas Fantasie konnte man hier den Hauch der Geschichte spüren. Wer konnte ahnen, welch Tragödien sich hier bereits abgespielt hatten, welch fabelhafte Künstler in diesem Etablissement abgestiegen waren. Übrigens war es günstig und das Frühstück wurde ans Bett serviert.

Auch die kleine Bar, nicht weit entfernt, hatte einen urig - schmuddeligen Touch. Der wortkarge Wirt erinnerte stark an einen Fremdenlegionär, denn sein Teint wirkte narbiggraubraun und seine Gestalt erschien eher vierschrötig. Nach einiger Zeit erinnerte er sich an uns und egal wie lange wir nicht mehr hier gewesen waren, so servierte er uns doch jedes Mal die richtigen Getränke: ein Glas trockenen Rotwein und ein Bier.

Doch heute irritierte einer der Gäste meinen Liebsten ungemein, denn er machte ihn ungehemmt und trotz meiner Gegenwart an. Der Herr von der anderen Fakultät trug das blond gesträhnte Haar schulterlang. Es lockte sich malerisch um sein braungebranntes, feminines

Gesicht. Die bunte, hautenge Kleidung schmiegte sich um seinen wohlgeformten Körper und zeigte im Schritt eine verräterische Beule. „Welch eine Verschwendung", japste ich, einem Lachkrampf nahe. „Ja, kichere du nur weiter, ich jedenfalls werde jetzt lieber hier verschwinden." Alan schien es gar nicht nach Lachen zumute zu sein.

Selbst der Wirt konnte sich beim Abrechnen ein Grinsen nicht verkneifen, was in seinem grimmigen Gesicht irgendwie merkwürdig aussah. Wenigstens der Schmachtlappen machte ein bedröppeltes Gesicht. Wahrscheinlich hatte er sich den Rest des Abends ganz anders vorgestellt.

Die laue Luft lud zu einem Spaziergang ein und so bummelten wir nach einem kurzen Aufenthalt im Hotel über den Künstlermarkt am Montmartre. Hier waren wir schon oft gewesen und immer hatten wir beschlossen, uns „vielleicht beim nächsten Mal" zeichnen zu lassen. Ganz im Hintergrund sah ich zu meinem Erstaunen einen Obststand.

„Nanu, die verkaufen hier alles, was", entfuhr es mir, doch dann wurde mein Interesse von einer Frucht geweckt, die ich zuvor noch nie gesehen hatte. Ich nahm die fast apfelsinengroße Kugel in die Hand und betastete vorsichtig die orangerote Schale. „Madame", das war der Verkäufer, der mir etwas erklärte. Suchend schaute ich mich nach meinem Liebsten um, aber Alan war ein paar Meter weiter geschlendert und schaute sich einige Zeichnungen und Gemälde an. So versuchte ich mein Glück, auch ohne der Sprache mächtig zu sein.

„Pardon, was ist das? Ce que…", stotterte ich. Der Verkäufer grinste mich gewinnend an und drückte mir die Hälfte einer dieser Früchte in die Hand. Das rote Fruchtfleisch bestand aus lauter kleinen, in Häutchen verpackten Tropfen. Ratlos probierte ich. Wieder grinste der Verkäufer. „Madame, busch…bum-bum", es hörte sich an wie Fehlzündungen am Auto.

„Bum-bum?", wiederholte ich ratlos.

Inzwischen hatte sich Alan zu uns gesellt und hörte sich die Erklärung belustigt an. Nach einem kurzen Wortwechsel klärte er mich auf.

„Das sind Granatäpfel, kleine Hexe. Der Verkäufer möchte dir einen schenken, weil du ihm so viel Spaß gemacht hast. ... und du brauchst jetzt nicht rot werden." Wie peinlich, ich merkte selbst genau, dass mir die Wangen heiß wurden. Also bedankte ich mich artig und wir schlenderten weiter.

„Schau dir mal die Zeichnungen dieses Malers an, gefallen sie dir?" Wir standen vor dem Stand, an dem Alan vorhin schon geguckt hatte.

„O ja, sie sind wirklich schön."

„Dann werden wir es jetzt machen, wo du gerade so hübsche rote Wangen hast."

„Hast du wirklich alles eingepackt? Auch unser Bild?" Alan war heute Morgen ziemlich hibbelig und das aus gutem Grund. Der Wecker hatte, warum auch immer, nicht geklingelt. So verzichteten wir auf das Frühstück und machten uns so schnell wie möglich abmarschbereit, denn heute früh sollte es zurück nach Hause gehen. In Windeseile marschierten wir zur nächstgelegenen Metrostation, die aber geschlossen war. Also hasteten wir eine Station weiter. Wenigstens war hier alles in Ordnung und wir enterten die Metro, zunächst in Richtung Gare du Nord. Von hier aus ging es weiter in Richtung des Flughafens Charles de Gaulle. Alan, der wie üblich An- und Abreise managte, wurde immer nervöser. Am Flughafen angekommen mussten wir feststellen, dass unser Flieger bereit am Start war. Während ich im Hintergrund auf den Koffer achtete, verhandelte Alan aufgebracht mit dem wenig entgegenkommenden Bodenpersonal am zuständigen Schalter, wandte sich aber bald wutentbrannt ab. „Es ist nichts zu machen. Der nächste Flug, den wir bekommen können, ist heute Abend und kostet an die 400 Euro pro Person. Das hat man davon, wenn man einen Billigflieger nimmt." Ich sank auf eine Sitzbank. „Was machen wir denn jetzt bloß?"

Alan schien sich etwas beruhigt zu haben. „Weißt du was, den Flieger können wir immer noch nehmen. Jetzt fahren wir in aller Ruhe zum Hauptbahnhof und schauen wann der nächste Zug in Richtung Heimat fährt."

Am Bahnhof angekommen zeigte sich, dass

innerhalb der nächsten zwei Stunden wirklich ein Zug nach Düsseldorf abfuhr und wir lösten erleichtert die Fahrkarten.

„So, jetzt geben wir den Koffer auf und dann lade ich dich zu einem verspäteten Frühstück ein." Alan schien sich endgültig beruhigt zu haben.

Nach dem Frühstück machten wir uns gemütlich auf den Weg in Richtung Bahnhof. Vor dem Schaufenster einer kleine Boutique blieb ich stehen. „Schatz, wie viel Zeit haben wir noch?"

Alan schien mich auf Anhieb zu verstehen. „Ich fürchte der verpasste Flug wird richtig teuer …", seufzte er.

Nachsatz: Unser Bild haben wir tatsächlich im Hotel vergessen aber es ist uns netterweise von der Direction nachgeschickt worden. Da kann man einmal sehen: So ein kleines Hotel hat zuweilen seine Vorzüge.

Surprise, Surprise
oder die spinnen, die Briten

Prolog

„...die Einkaufsmeile in Manchester ist ganz toll. Ich freue mich total darauf. Alan führt Verhandlungen und ich werde shoppen gehen, bis ich ins Koma falle." Aufgeregt strahlte ich meine Freundin an. „Am Abend sind wir dann zu einer Verabschiedungsfeier für den Geschäftsführer einer Firma, mit der Alan zusammenarbeitet, eingeladen. Ich werde ein richtig tolles Wochenende haben." An dieser Stelle ging mir die Luft aus, was meiner Freundin Gelegenheit zu einem Kommentar gab. „Ich hoffe, dass alles so toll abläuft, wie du dir das vorstellst."

„Du olle Unke, na klar, ich werde es dir berichten!"

Zum Ersten

„Guten Morgen, Schlafmütze." Alan stupste mich sacht an. „Zeit um aufzustehen, ich habe heute früh einen Termin. Barry, der neue Mann bei Omega Vision, holt uns in der Lobby ab und fährt voraus. Die Firma ist in Bolton. Unterwegs setzte ich dich ab, du kannst dir den Vormittag damit vertreiben Schuhe anzuprobieren. Wenn ich fertig bin rufe ich dich an und hole dich wieder ab." Ich räkelte sich wohlig in den Kissen. „Lass dir ruhig Zeit, mein Schatz. Ich werde mich schon beschäftigen. Anschließend fahren wir direkt zum Hotel, nicht wahr?"

„Ja, dort findet die Feier für Gary statt, Barry ist sein Nachfolger. Es soll eine Überraschung werden, Gary scheint tatsächlich nichts zu ahnen. Jetzt aber raus aus den Federn. Die Sonne scheint und Manchester wartet auf dich."

In der Lobby angekommen wurden wir schon

von einem unscheinbaren Mann mittleren Alters erwartet. Er schüttelte mir kräftig die Hand und murmelte etwas Unverständliches. „Das ist Barry", erklärte Alan. Auf dem Weg zum Hotelparkplatz wandte sich Alan an seinen Geschäftspartner. „Was meinst du, Barry, können wir meine Frau in Manchester absetzen und dann weiter nach Bolton fahren?" Dieses Mal gab der Angesprochene einen längeren Monolog von sich, doch wieder verstand ich trotz größter Mühe kein Wort. Fragend sah ich Alan an. „Barry meint, dass wir zu viel Zeit verlieren, wenn wir erst in die Innenstadt von Manchester fahren. Auf unserem Weg ist allerdings ein riesiges Einkaufszentrum. Er schlägt vor, dich dort abzusetzen. Was meinst du?" Das fing ja gut an. Eigentlich hatte ich vor gehabt, mir die Stadt anzusehen. Resigniert zuckte ich die Schultern. „Ja, wenn er meint."

Im Auto wandte ich mich verunsichert an Alan. „Ich habe geglaubt inzwischen ein ganz passables Englisch zu sprechen, aber dieser Mensch hört sich an, als ob er ständig auf einem Handtuch herum kaut. Ich verstehe kein Wort von dem was er sagt."

Alan grinste von einem Ohr zum anderen. „Das kann ich mir vorstellen. Barry spricht einen fürchterlichen Slang. Er ist aus Yorkshire und angeblich soll es dort sprachtechnisch schlimmer zugehen als im tiefsten Bayern. Ich habe oft selbst alle Mühe um ihn zu verstehen...Holla die Waldfee...", dieser Kommentar war an den vorausfahrenden Barry gerichtet, denn der fuhr so schnell, dass Alan alle Mühe hatte um ihm zu folgen. Auf der Autobahn schien er die rechte Spur komplett für sich gepachtet zu haben. Alan schüttelte verblüfft den Kopf. „Hier in Großbritannien ist die erlaubte Höchstgeschwindigkeit auf der Autobahn 70 Meilen in der Stunde. Ich fahre jetzt 90 und Barry ist mir immer noch ein gutes Stück voraus. Er scheint sich keine Gedanken um die Geschwindigkeitsbeschränkung zu machen, aber ich glaube wir müssen an der nächsten Abfahrt runter, dann wird er sich wohl ausgetobt haben." Doch hier irrte sich Alan gründlich. Barry raste durch den nächsten Ort, als ob er sich auf dem Circuit de Monaco befinden würde, und Alan bemühte sich ihm zu folgen.

Es ging durch enge Straßen, vorbei an parkenden Autos, bis...

mit einem satten Splitterton verabschiedete sich der linke Seitenspiegel, was Alan veranlasste den Wagen am Straßenrand anzuhalten. Barry schien nichts mitbekommen zu haben, er raste unbeirrt weiter. „Sch...!" Alan stieg aus und spurtete zu dem parkenden Fahrzeug, das er offensichtlich gestreift hatte. Wenig später erschien er wieder auf der Bildfläche, die Teile des zerlegten Spiegels in der Hand. „Die Leute hier sind echt entspannt. Der Typ dem der Wagen gehört hat mir die Teile hier in die

Hand gedrückt. An seinem Wagen ist nichts beschädigt, meint er und ich soll meinen Spiegel wieder zusammensetzen."

Nach einigem hin und her hatte er den Spiegel tatsächlich wieder zusammengebaut und grinste vergnügt vor sich hin. „Wenn es jetzt bei der Abgabe dieses Leihwagens auch noch regnet, dann bin ich aus dem Schneider. Die paar Kratzer sind fast nicht zu sehen." Er zückte sein Handy. „Jetzt muss ich erst mal schauen, dass ich Barry wieder einfange."

Der zeigte sich baff erstaunt, denn er hatte immer noch nicht bemerkt hatte, dass Alans Auto ihm nicht mehr folgte.

Schließlich trudelten wir mit einiger Verspätung bei Omega Vision ein. Eine nette Dame fuhr mich zu der versprochenen Shoppingmall und versprach mich pünktlich wieder abzuholen.

Zum Zweiten

„Och nö, ich habe gedacht wir fahren jetzt gleich zum Hotel und ich kann mich vor den Lunch noch etwas frisch machen." Nach der Shoppingtour hatte ich gehofft, etwas Ruhe zu haben. „Sorry, Schatz, das hatte ich auch so geplant. Doch jetzt werden wir eben mit Gary und Barry zum Lunch gehen. Das lässt sich nicht ändern."

„Ich bin Larry." Ein kleinwüchsiger Inder gesellte sich zu uns und schüttelte mir eifrig die Hand, sodass ich keine Gelegenheit hatte zu antworten.

„Das glaubt mir kein Mensch. Ich war mit
Tick, Trick und Track zum Lunch und sie haben sich tatsächlich gegenseitig die Pommes
vom Teller geklaut." Immer noch ungläubig
schüttelte ich den Kopf. Endlich im Hotelzimmer angelangt hatte ich es mir nach einer
ausgiebigen Dusche auf dem Bett bequem
gemacht.

„Du vergisst Nigel, das ist Onkel Dagobert,
denn er ist Banker und hat das Sagen bei
Omega Vision. Hast du bemerkt, dass Larry,
der Inder, sich während des ganzen Essens ein
weißes Ding an die Nase gehalten hat?"

„Allerdings! Er hat sich das Ding immer abwechselnd rechts und links ins Nasenloch geschoben. Das Teil hat mich irgendwie an einen
Tampon erinnert, es war aber keiner. Meinst
du er kokst?", fragte ich mit gespieltem Ernst.

„Jetzt geht deine Fantasie mit dir durch. Das
war höchstens ein Nasenspray", erwiderte
Alan amüsiert. „Larry ist für die Finanzen zuständig, das wird er nicht auf die Reihe kriegen, wenn er ständig high ist. Aber merkwürdig war die ganze Veranstaltung schon."

Womit Alan nicht Unrecht hatte. Während
Onkel Dagobert Nigel seine Fish `n Chips in
Windeseile verschlungen und damit begonnen
hatte, seinen Tischnachbarn die Pommes Frites
vom Teller zu nehmen und sie sich in den
Mund zu stopfen, popelte sich Larry in aller

Seelenruhe mit einem weißen Stäbchen in der Nase herum. Dabei erörterten die Herren die Weltwirtschaftslage, tauschten sich über die Vorzüge der neuesten Kaffeemaschinen und Autos aus dem Hause BMW aus und erzählten Witze. Während Alan bei dieser Unterhaltung fleißig mitmischte, schaute ich mir die Akteure des Schauspiels fasziniert an und kam deshalb gar nicht dazu, groß zur Unterhaltung beizutragen.

Aller guten Dinge sind drei
Jetzt sollte also das Überraschungsfest starten. Die Gesellschaft hatte sich um die schön gedeckte Tafel versammelt und wartete gespannt ab, denn die Hauptperson fehlte. „Ich hoffe, irgendjemand hat Gary einen Tipp gegeben, sonst ist er wohlmöglich unterwegs", murmelte Alan.
Plötzlich kam Bewegung auf. Barry telefonierte hektisch, wandte sich der Allgemeinheit zu, erklärte lautstark etwas und eilte, den indischen Larry im Schlepptau, aus dem Raum. Ich zuckte resigniert die Schultern, denn wieder einmal verstand ich nur Bahnhof. Der grinsende Alan klärte mich auf. „Weil Gary nicht Bescheid wusste sitzen er und seine Frau jetzt beim Italiener vor einer großen Pizza. Barry und Larry haben sich auf den Weg gemacht um das Pärchen schnellstmöglich hierher zu buxieren. Das ist ja eine interessante Feier."

„Das stimmt allerdings, hier scheint aber auch gar nichts wirklich geplant worden zu sein."

Nach einiger Zeit erschien der atemlose Barry wieder auf der Bildfläche, ihm folgte Larry und nach einiger Zeit betrat ein ratloser Gary zusammen mit seiner Frau den Raum. „Was ist das...", er verstummte abrupt, denn alle Gäste hatten sich erhoben und applaudierten, während Barry den fassungslosen Jubilar zu seinem Platz geleitete. Hier ließ sich Gary erst einmal auf seinen Sitz plumpsen und schnappte nach Atem. „Barry, du verdammter...", was er weiter sagte ging in dem allgemeinen Trubel unter. Larry meldete sich zu Wort. „Lieber Gary...", so fing eine lange Rede an, die mit den Worten endete: „...und deshalb haben wir uns überlegt, dir ein Geschenk zu machen, dass du immer bei dir hast; eine Uhr. Doch bedenke das die Goldpreise kräftig angezogen haben und es keine günstige Rolex mehr auf dem britischen Markt gibt." Hier stockte er einen Moment und sah sich nach Onkel Dagobert Nigel um. Der saß ganz entspannt und lauschte scheinbar dem Nachhall der Rede. „Nigel, die Uhr", rief Larry verunsichert aus. Der Angesprochene erwachte aus seinem, wie auch immer gearteten, Wachtraum. „Uhr? Ja, sicher, die Uhr. Wo ist sie denn?"

„Du hast sie, ganz bestimmt!"

Nigel schaute zunächst verdutzt und dann unter den Tisch. „Stimmt, ich hatte die Uhr", sagte er. „Aber wo habe ich sie denn gelassen?" Er stand auf und kramte in allen vier Ecken des Raumes herum. „Wo ist denn bloß diese verdammte Uhr", murmelte er. Ein eher rustikaler und schon leicht angeheiterter Gast krabbelte unter den Tisch. „Ladys, kneift die Knie zusammen, ich komme", grölte er zur allgemeinen Erheiterung. Wenig später tauchte er zwischen den Beinen seiner Frau wieder auf. „Die Uhr habe ich nicht gefunden...", stellte er fest. „Und hier ist nichts, dass du nicht schon kennst", klärte ihn seine Angetraute freundlich auf, was den Herrn dazu veranlasste komplett unter dem Tisch hervorzukommen und sich gutgelaunt und durstig auf seinen Platz zu setzen.

Barry, der bis jetzt in erstauntem Schweigen verharrt hatte, meldete sich zu Wort. „Kann es denn sein, dass du die Uhr noch in deinem Hotelzimmer hast?" Nigel schlug sich mit der flachen Hand vor den Kopf. „Ich Esel, ja klar. Einen Moment, ich hole sie sofort." Mit diesen Worten stürmte er aus der Tür und ließ die Gesellschaft in verblüfftem Schweigen zurück. Einige Zeit später tauchte er, sehr zur Erleichterung seiner Partner, tatsächlich mit der goldenen Rolex auf und überreichte sie dem freudestrahlenden Gary.

Nachdem die Uhr mit einigen Hindernissen überreicht und alle Reden des Abends gehalten worden waren ging man zum gemütlichen Teil über. Hier erwiesen sich die Briten, wie erwartet, als trinkfest und gemütlich und trotz aller

Anfangsschwierigkeiten wurde Garys Fest eine rundum gelungene Feier.

Epilog

„So, jetzt erzähl mal, wie war es in Manchester? Was hast du alles gekauft? Bestimmt lauter angesagte Klamotten! Wie war die Feier?"

„Hmmm, na ja."

„Was heißt das?", meine Freundin ließ nicht locker.

„Ja also; ich war gar nicht in Manchester, sondern in Bolton", klärte ich sie auf.

„Kenne ich nicht."

„Das glaube ich sofort, musst du auch nicht kennen lernen. Ich habe nichts gekauft, doch dafür habe ich mit Gary, Barry und Larry zu Mittag gegessen, ach ja und Onkel Dagobert war auch dabei. Larry ist übrigens ein kiffender Inder. Alan hat den Spiegel vom Leihwagen zerstört, was natürlich bei der Abgabe voll peinlich aufgefallen ist. Bei der Feier hat Onkel Dagobert die goldene Rolex verlegt, ein besoffener Brite ist unter den Tisch gekrochen um den Weibern unter den Rock zu schielen und der Jubilar hat seine Pizza nicht gegessen."

Meine Freundin musterte mich mitleidig.

„Und ich habe gedacht, dass es keine Fälle mehr von BSE auf der Insel gibt! Da habe ich mich wohl gründlich geirrt."

Ostern im Eierland

Eierland war ursprünglich eine eigene Insel dicht an Texel und ein großes Vogelbrutgebiet. Die Vogeleier lagen, sozusagen, überall griffbereit, daher der Name der Insel.
Durch Versandung haben sich die beiden Inseln in Laufe der Jahrhunderte miteinander verbunden.

„So ein Wohnwagen, das wäre schon klasse." Alan seufzte laut, während er wieder einmal seiner Fantasie freien Lauf ließ. „Das wäre eine feine Sache."

„Aber Alan, wir haben nicht einmal eine Anhängerkupplung am Auto." Ab und zu musste ich meinen Hans-Guck-in-die-Luft ausbremsen. Der ließ sich nicht stoppen, sondern funkelte mich unternehmungslustig an. „Ich bekomme im Januar einen neuen Firmenwagen, der hat eine Anhängerkupplung. Dafür habe ich gesorgt."

„Echt?" Mir blieb für einen Augenblick der Mund offen stehen, denn anscheinend bahnte sich hier etwas an. Alan schaltete den Computer ein, wobei er jungenhaft grinste. „Echt! Das ist alles in die Wege geleitet. Ich habe mich auch schon wegen eines Wohnwagens umgesehen. Wo du das Campen doch so toll findest." Ich klappte erst einmal den Mund zu und holte tief Luft. „Ich? Also …"

„Bevor du etwas sagst, schau dir doch dieses schnuckelige Haus auf Rädern an."

Dieser Mann war immer für eine Überraschung gut, das musste ich ihm lassen.

„De Kramp - das ist der am besten ausgestattete Campingplatz auf Texel. Auf jedem der Komfort Stellplätze befindet sich ein eigenes Häuschen mit Dusche und Toilette. Selbstverständlich hätten wir einen Internetzugang und Kabel-TV. Ein Schwimmbad ist auch vorhanden. Und das Programm zu Ostern hört sich gut an. Die Dackel nehmen wir mit, das ist ja klar."

An unseren letzten Urlaub denkend, bei dem das Wetter mehr als ungemütlich war, wagte ich einen zaghaften Einwurf. „Aber es könnte sehr viel regnen und kalt sein. Ich sage nur: Was wollen sie denn in Dänemark!"

Doch mein Liebster war einfach nicht zu stoppen. Er brannte darauf, den neu erworbenen Wohnwagen zu testen. „Ach was, Holland ist nicht Dänemark. Überhaupt sind wir auf einer Insel, da ziehen alle fiesen Regenwolken drüber weg. Sicherlich haben wir ein paar Sonnentage, du wirst schon sehen." Bei so viel Enthusiasmus mochte ich nicht den Miesmacher spielen und so buchten wir über Ostern den Super-Luxus-Campingplatz auf Texel.

Mit Spannung schaute ich mich im Fährhafen von Den Helder um. Na gut, hier sah es nicht wirklich malerisch aus und es regnete in Strömen, schon seit unserer Abfahrt. Aber die Überfahrt nach Texel würde toll werden.

„Es ist wirklich ein Erlebnis, schon hier beginnt euer Urlaub." So und ähnlich hatte es uns ein befreundetes Pärchen geschildert. Die Zwei mussten es wissen, schließlich waren sie die Camper schlechthin und hatten die Insel und den Campingplatz „De Kramp" selbstverständlich schon besucht. Inzwischen hatte das Pärchen allerdings einen Dauerstandplatz in Bad Rothenfelde. Bad Rothenfelde, bei dem Gedanken irgendwann auch dort zu landen sträubten sich mir die Nackenhaare.

Die Fähre stand schon zur Abfahrt bereit und wir wurden als letztes Gespann in den Bauch des großen Schiffes gewunken. Jetzt konnte es losgehen. Verwundert schaute ich mich um. „Sag mal Alan, täusche ich mich, oder steigt hier überhaupt niemand aus dem Auto aus?" Auch mein Liebster schaute einigermaßen bedröppelt drein. „Das stimmt, die Leute sitzen alle in ihren Autos. Schau mal dort drüben wird erst einmal gebuttert." Wirklich hatte es sich ein älteres Ehepaar in seinem Auto bequem gemacht. Mutter schüttete aus der Thermoskanne dampfenden Kaffee in die dafür vorgesehen Plastikbecher, während Vater schon herzhaft in sein Käsebrot biss. Kein Mensch kam auf die Idee, auszusteigen und an Deck zu gehen.

„Vielleicht darf man sein Auto nicht verlassen, so wie im Autozug?", überlegte ich. Alan schüttelte den Kopf. „Das kann ich mir nicht vorstellen. Es wird eher so sein, dass die Überfahrt so kurz ist, dass es sich einfach nicht lohnt auszusteigen."

Seine Vermutung war richtig, denn eine gute Viertelstunde später legte die Fähre bereits an. Beim Verlassen des Schiffes wurden wir von sintflutartigen Regenfällen empfangen. Ich schielte missmutig durch die Autoscheibe. „Hoffentlich bleibt das nicht so."

Alan war nicht aus der Ruhe zu bringen. Er hatte beschlossen, dass es ein sonniger Urlaub werden würde. „Keine Panik, Schatzy, der Wind pustet die Regenwolken alle in Richtung Festland, dann kommt Ruck-Zuck die Sonne raus. Es ist nicht mehr weit bis zum Campingplatz. Bis wir dort sind, hat der Regen schon längst aufgehört." Erstaunlicherweise hatte mein Wetterfrosch mit seiner Vorhersage Recht. Am Campingplatz angekommen hatten wir nicht gerade den tollsten Sonnenschein, aber zumindest hörte der Regen auf. Die Anmeldung ging reibungslos vonstatten und bald standen wir auf dem für uns reservierten Platz. „Was ist das denn?" Erstaunt betrachtete ich das kleine Kabuff, das sich auf dem Stellplatz befand. Offensichtlich sollte es das Luxus-Badehäuschen sein, welches im Internetauftritt des Campingplatzes so vollmundig angepriesen wurde. Doch anders als die bombastische

Beschreibung, war dieses Gebäude eine mickerige weiß verputzte Hütte. Von innen sah das Ding auch nicht besser aus: Eine Toilette mit einem vorsintflutlichen Spülkasten, dazu ein winziges, fleckiges Spülbecken mit einem ziemlich blinden Spiegel und eine an der Wand befestigte Duschvorrichtung. Neben dem Spiegel hing eine Lampe, die jemand malerisch mit Klebeband verschnürt hatte.

„Ja nicht anfassen", riet Alan mir mir. „Das Ding kann jederzeit auseinanderfallen."

Ich beschloss, hier erst einmal gründlich zu desinfizieren, dann würde man weiter sehen. Zu allem Überfluss fing es schon wieder an zu regnen. Also beeilten wir uns, um den Wohnwagen in die richtige Position zu bringen, wobei wir von einem schwergewichtigen Pärchen, das den Stellplatz gegenüber belegt hatte, misstrauisch beäugt wurden. Als der Wohnwagen richtig stand, stellte prompt jemand die himmlische Dusche ab. Das wurde auch Zeit, denn wir waren beide pladdernass.

„Wenn wir einmal dabei sind, können wir das Vorzelt auch gleich aufstellen. Wer weiß, ob es nicht gleich wieder anfängt zu regnen."

Mein sonnengläubiger Optimist schien auch schon gemerkt zu haben, dass man dem Wetter um diese Jahreszeit nicht trauen konnte.

Schließlich war alles geschafft. Das Vorzelt stand, zwar ein wenig windschief, aber schließlich war es unser erstes Mal. Dafür hatten wir uns mit Bravour geschlagen. Jedenfalls

fanden wir das. Die zwei Pummel von gegenüber schienen anderer Meinung zu sein. Sie
hatten sich mit Proviant versorgt und lugten
immer noch durch die Scheiben ihres Vorzel-
tes, wobei sie abwechselnd mit den Köpfen
schüttelten. Na gut, so akkurat wie diese zwei
Kampfcamper würden wir unsere Gerätschaft
wohl nie aufgebaut bekommen. So beschlossen wir, dass unser Vorzelt megatoll aussah,
und machten uns auf den Weg in den dem
Campingplatz angeschlossenen Supermarkt,
um uns mit dem Nötigsten einzudecken.

„In der Info steht, dass der Supermarkt bis 19
Uhr geöffnet hat", beruhigte Alan mich. „Jetzt
ist es kurz vor sechs, wir können uns ganz in
Ruhe umschauen." Am Supermarkt angekommen mussten wir allerdings feststellen,
dass er bereits um 18 Uhr geschlossen hatte.
So beendeten wir den Tag mit einem mäßigen,
aber teuren Essen im Restaurant.

Ich wurde davon wach, dass mich eine Hundeschnauze anstupste. Zögernd öffnete ich erst
einmal ein Auge und blickte in zwei vorwurfs-
volle Dackelgesichter. Unsere Zwei hatten
sich mit den Vorderpfoten auf der Bettkante
aufgestützt und befanden sich so in Augenhö-
he.

„Ja, ja, ich weiß, ihr müsst mal." Ich rollte
mich aus dem Bett. Wie erwartet schnarchte
mein Liebster noch mit Inbrunst. Ich reckte
mich und griff nach meinen Handtüchern.

Nach einer ausgiebigen Dusche würde ich richtig wach sein. Nach der kuscheligen Heizungswärme im Wohnwagen kam es mir auf dem kurzen Weg zu unserem Badehäuschen ordentlich kalt vor. Doch das war gar nichts gegen die Kälte, die im Luxus-Duschhaus herrschte. Alles war klamm und feucht, denn es gab weder eine vernünftige Lüftung, wenn man von dem zugigen Spalt unter der Eingangstür absah, noch irgendeine Heizmöglichkeit. So fing ich den Tag mit einer schnellen Katzenwäsche an. Als ich bibbernd und mit blauen Lippen aus der Kältekammer schlich, winkten mir von gegenüber die rosig-frischen Kampfcamper zu. Sie hatten sich den Frühstückstisch im Freien gedeckt und genossen sichtlich die erste Mahlzeit des Tages, während sie mir interessiert zuschauten. Die hatten ihre Realityshow direkt vor der Tür. Und noch wichtiger – sie froren nicht! Kein Wunder, bei der Polsterung.

Im Wohnwagen erwartete mich ein gut gelaunter Alan, der für mein Kälteproblem die richtige Lösung parat hatte. „Solange das Wasser richtig heiß ist, macht mir die Kälte nichts aus. Aber wenn du solche Probleme damit hast, stelle ich gleich unseren kleinen Elektrolüfter in das Badehäuschen. Dann ist es dort ganz schnell warm und du kannst in Ruhe duschen." Ich drückte meinem Genie dankbar einen Kuss auf. „Prima, ich gehe jetzt schnell mit den Dackeln Gassi und bringe gleich Brötchen mit. Anschließend freue ich mich auf eine schöne heiße Dusche im Warmen."

Auf dem Weg zurück zum Wohnwagen kam mir Alan entgegen. „Ich muss eben zur Rezeption", erklärte er. „Ich habe den Heizlüfter im Duschkabuff angestellt und prompt ist die Sicherung rausgeflogen. Es tut mir schrecklich Leid, aber ich glaube da kann man nichts machen."

„Ach weiß du Schatz, dann dusche ich nach dem Frühstück eben im ganz normalen Badehaus des Campingplatzes. Dort sollte es eigentlich warm sein."

Leider ging auch diese Idee völlig in die Hose, denn das nächstgelegene Badehaus war geschlossen. Es wurde gerade renoviert. So blieb mir nichts anderes übrig, als mich

- überhaupt nicht zu duschen,
- einen Fußmarsch quer über den Campingplatz zum nächsten allgemeinen Badehaus zurückzulegen,

-zähneklappernd die Gefrierkammer zu benutzen.

Was ich tat. Hierbei stellte ich fest, dass dieses merkwürdige Gebäude nicht nur optisch und wärmetechnisch zu wünschen übrig ließ. Da es keine Duschtasse gab, und das Gefälle zum Abfluss hin nicht richtig berechnet war, setzte man beim Duschen den gesamten Raum unter Wasser. Obwohl der heiße Wasserstrahl mickerig war, schaffte es der kleine Abfluss nicht, mit dem Abwasser fertig zu werden, doch gluggerte er die ganze Zeit protestierend. Beim anschließenden Abflitschen verteilte sich das Wasser in alle Richtungen, nur nicht zum Gully hin. So blieb der Raum den ganzen Tag feucht und klamm, obwohl wir ständig bemüht waren zu lüften. Unser Duschgel, und vor allem das Shampoo, verwandelten sich in einen zähen, kalten Klumpen. Hatte man es geschafft, eine Hand voll Haarwaschmittel aus der Flasche zu quetschen und auf den Kopf zu klatschen, so fror der darunter liegende Teil des Gehirnes kurzzeitig ein und hinterließ eine kältebedingte Leere. Na gut, das half die weiteren eisigen Attacken zu überstehen.

„Heute Abend machen wir es uns richtig gemütlich. Ich grille uns die tollen Steaks, die wir gekauft haben. Dazu trinken wir eine schöne Flasche Wein und vielleicht lasse ich mich auch noch dazu überreden, den Champagner zu öffnen. Der liegt schon auf Eis. Für morgen früh habe ich den Ostersonntagbrunch gebucht." Alan nahm mich in die Arme und küsste mich. „Du wirst sehen, das wird ein toller Kurzurlaub. Auch wenn die ganz Sache etwas zäh angefangen hat." Das klang verlockend. Ich kuschelte mich in seinen Arm und freute mich auf den Abend zu zweit.
Der Tisch war hübsch gedeckt, der Rotwein funkelte in den Gläsern, das Fleisch brutzelte verlockend, die Beleuchtung war mehr als dezent.. HALT! Die Beleuchtung war voll-

ständig erloschen. Wir schauten uns im Däm-
merlicht verdutzt an. „Meinst du die Sicherung
ist wieder durchgeknallt?" Diese Vermutung
kam mir als Erstes in den Sinn. „Wahrscheinlich. Ich gehe zur Rezeption aber dieses Mal
werde ich mich wirklich aufregen!" Alan
schien tatsächlich wütend zu sein. Mit kerzen-
gradem Rücken stiefelte er los, um wenig später wieder aufzutauchen. „Du wirst es nicht
glauben, die Rezeption ist geschlossen, dort
hängt ein Zettel: Auf der ganzen Insel ist
Stromausfall.."

„Ach herrje, das heißt also, dass es eine län-
gerfristige Geschichte werden könnte? Ich
habe nicht einmal Kerzen eingepackt und der
Supermarkt ist schon lange geschlossen."

Alan zuckte frustriert mit den Schultern. „Auf
diesem Campingplatz weiß keiner etwas, das
scheint hier Programm zu sein. Ich fürchte der
Stromausfall wird länger dauern. Unglaublich,
denn schließlich sind wir hier nicht in Afrika,
sondern mitten in Nordeuropa."

Also brieten wir die Steaks fertig, frierend
(denn auch die Gasheizung braucht Strom),
und beim Licht unserer Taschenlampe. Ver-
zehrten sie ganz romantisch im Dunkeln, tranken dazu Rotwein und hinterher, völlig gefrus-
tet, den nicht mehr gekühlten und deshalb
lauwarmen Champagner. Es ist müßig zu er-
wähnen, dass das Pummelpärchen von gegenüber die volle Festbeleuchtung angeworfen
hatte.

„Ich schleiche mich gleich mal hinüber und gucke durchs Fenster. Wer weiß was die beiden machen, um Strom zu erzeugen?", kicherte ich in mein Glas, der lauwarme Champagner zeigte bereits Wirkung. Alan grinste albern zurück. „Brauchze-nich. Als hardcore Camper haben die ein eingebautes Notstromaggregat in der Westentasche."

Irgendetwas kitzelte mich am linken Ohr und schnaufte dabei ganz fürchterlich. Mein lieber Mann - wenn das eine Anmache sein soll! Unwillkürlich fasste ich zu und hatte eine Hundeschnauze in der Hand. Während sein Kumpel fasziniert zusah, versuchte einer der Dackel seine Nase in mein Ohr zu stecken und schnaufte teils aus Begeisterung, teils vor Anstrengung. Nachdem ich das Tier aus meinem Ohr entfernt hatte, betätigte ich hoffnungsvoll den Lichtschalter. Wenigstens gab es wieder Strom und so stand unserem Osterbrunch nichts im Wege. Alan, der inzwischen auch wach und guter Dinge war, gab sich heiter. „Wir sind bisher ganz schön vom Pech verfolgt gewesen. Aber jetzt wird der Urlaub richtig schön. Vielleicht darf ich dich gleich auch noch zu einem Glas KALTEM Sekt einladen." Gut gelaunt machten wir uns auf den Weg.
Im Restaurant lehnten zwei gelangweilte Servicekräfte mit verschränkten Armen hinter dem Empfangstresen. „Ja bitte?", fragte eine der Damen schnippisch. Nachdem wir erklärt

hatten, dass wir nur brunchen und gar nicht weiter stören wollten, wurden wir in eine düstere Ecke geführt. Hier stand ein kleiner, leicht schmuddeliger Tisch, der für zwei Personen eingedeckt war. Nachdem sie immer noch mürrisch auf den Tisch gewiesen hatte, entschwebte die Dame und wir suchten uns einen netten Sonnenplatz am Fenster.

„Stürzen wir uns gleich in Richtung Futter?" Alan zwinkerte mir unternehmungslustig zu. Er schien, genau wie ich, wirklich hungrig zu sein. So machten wir uns auf, um das, laut Angebot ‚tolle Buffet' in Augenschein zu nehmen. Wir staunten nicht schlecht, denn wir hatten mit allem Möglichen gerechnet – aber nicht damit. Alan schaute sich das Brunchangebot verblüfft an und meinte trocken: „Ich muss schon sagen; ich habe in diversen Hotels schon ab und zu schlecht gefrühstückt. Das hier ist wirklich hart an der Untergrenze." Das stimmte allerdings. Neben einem verdächtig nach Maggie riechenden Suppentopf standen lieblos aufgebaute Kuchen und Brotkörbe. Gegenüber alterten Platten mit glibberiger Wurst und matschigem Eiersalat. Ich legte ihm begütigend die Hand auf den Arm. „Lass uns abwarten, vielleicht ist noch nicht alles aufgebaut und es geht gleich richtig los. Schließlich ist ja außer uns kaum jemand hier. Ich fange jetzt mit Rührei und Speck an." Demonstrativ häufte ich mir einen Löffel des merkwürdig aussehenden Rühreis und ein paar

Scheiben lauwarmen Specks auf einen Teller. Daneben war noch ein Topf: Champignons – wenigstens konnte man dabei nicht viel falsch machen. Die vor sich hinwabbelnden Würstchen ließ ich lieber außen vor. So hartgesotten war (und ist) mein Magen auch nicht. Alan folgte murrend meinem Beispiel und setzte sich schon einmal an unseren Tisch. Ich folgte ihm, stellte meine Teller ab und schaute verblüfft auf meine Hände. Schon als ich das Ding zum Tisch getragen hatte kam mir etwas merkwürdig vor. Kein Wunder, denn der Teller war unten mit einer grauen Masse verschmiert. Wie ekelig! Ich stürmte in den Waschraum und reinigte mir ausgiebig die Hände. Als ich zurück an unseren Tisch kam, hatte Alan den Schmuddelteller entsorgt und mir ein sauberes Gedeck besorgt. Er zuckte bedauernd die Schultern. „Weißt du was, lass uns das hier auf das Konto Lebenserfahrung schreiben. Die Tränen am Empfang fühlen sich nicht verantwortlich und ich habe einfach keine Lust hier einen Riesenaufstand zu machen. Ich habe vorhin versucht zwei Gläser Sekt zu bestellen und als Antwort gesagt bekommen, dass es so etwas hier nicht geben würde. Merkwürdig, denn die Bar befindet sich direkt neben dem Empfang."

„Du hast Recht. Lass uns das Beste daraus machen. Ich besorge mir jetzt noch einmal das Gleiche wie vorhin, aber in sauber."

Alan sah mich zweifelnd an. „Ich glaube nicht, dass du dieses Rührei essen wirst und sei vorsichtig, wenn du dir neues Besteck nimmst, denn das ist zum Teil auch ziemlich dreckig.“ Das stimmte, das Besteck war fleckig und zum Teil einfach schmutzig. Die Masse, welche so hochtrabend Rührei genannt wurde, war sicher gut dazu geeignet Fugen zu füllen. Ansonsten aber einfach schmierig-klebrig und nach nichts schmeckend. So kratzte ich die Reste aus der Schüssel, die eigentlich mit Obstsalat gefüllt sein sollte.

Beim Bezahlen fragte die immer noch schlecht gelaunte Dame am Empfang wohlweislich nicht, ob es denn geschmeckt hätte. Wahrscheinlich hatte sie schon mal von dem tollen Brunch - Buffet gekostet …

Ein Wunder! Heute wachte ich eher als die Dackelgang auf. Zögernd steckte ich den Kopf aus der Wohnwagentür. Die Sonne schien, der Tag verhieß richtig schön zu werden. Erst einmal frisch machen, vielleicht war das Duschhäuschen schon ein wenig von der Sonne angewärmt?! Doch diese Hoffnung starb beim Betreten unseres Duscheiskellers. Hier herrschten wie immer sibirische Temperaturen, doch wenigstens weckte mich die Shampooeismasse richtig auf. Wie gewöhnlich saß das Pummelpärchen von gegenüber bereits am Freiluft-Frühstückstisch und betrachtete mich Schlappie mitleidig. Der weibliche Teil der

Megacamper hatte ein knappes Top und Shorts übergestreift, schien ein Sonnenbad nehmen zu wollen. Fröstelnd schlüpfte ich kurz noch einmal unter die Decke.

„Bah, du hast ganz kalte Füße", murmelte mein Liebster und robbte soweit wie möglich von mir weg. Soviel zur Zeltplatz-Romantik… Wenigstens ließ er sich nach dem Frühstück zu einem ausgedehnten Spaziergang in den Dünen überreden. Wir genossen die Ruhe und den blitzeblanken Himmel mit einer freundlich blinkenden Sonne. Ab und zu radelte ein Trüppchen gut gelaunter Fietsenfahrer an uns vorbei, denn Texel ist (jedenfalls bei Sonnenschein) nicht nur ein El Dorado für Wanderer und Vogelbeobachter.

„Heute macht Camping richtig Spaß, nicht wahr", stellte ich später bei einer Tasse Kaffee und einem Stück zuckersüßer, holländischer Torte fest. Alan grinste. Ich schaute ihn misstrauisch an, denn meistens heckt er irgendetwas aus, wenn er so guckt. "Ich wusste doch, dass du auf Camping stehst."

„Ah-ha?"

„Und am Meer bist du ja ausgesprochen gern. Deshalb habe ich für den nächsten Monat eine Woche Campingurlaub auf Rügen gebucht. Es ist ein Komfort-Campingplatz mit allem Drum und Dran: Internetanschluss, Kabel-TV, ein Schwimmbad ist auch vorhanden und das Programm hört sich richtig gut an. Die Dackel kommen wieder mit, das ist ja klar!"

Das verschlug mir erst mal die Sprache und deshalb ist jetzt

Ende

Halt noch nicht ganz
Zum Abschluss möchte ich eine kleine Ge-
schichte aus dem Harz erzählen:

Regenträume

Seit drei Tagen Dauerregen und kein Ende abzusehen! So habe ich mir die schwer erkämpften freien Tage auf dem Campingplatz nicht vorgestellt. Ich träumte von Sonnenstrahlen, die mich wach kitzeln, dem ausgedehnten Frühstück auf der kleinen Terrasse, Eiskaffee am Nachmittag und lauen Abenden mit Rotwein und Kerzenschein – das ist Glück.
Frustriert mache ich mich während einer Regenpause für die nachmittägliche Pflichtrunde mit den Hunden fertig. Heute bin ich schon zweimal richtig nass geworden, denn ich habe, Optimistin, die ich bin, beim Gassi gehen auf einen Regenmantel und die Gummistiefel ver-

zichtet. Das passiert mir nicht noch einmal, also ab in die Regenkluft und los geht's. Die Dackel schauen mich missmutig an, denn selbst sie scheinen keine Lust zu haben im Regen herumzutappen. Doch darauf werde ich keine Rücksicht nehmen und nach einem kräftigen Ruck an der Leine folgen sie mir unwillig durch die kleine Pforte auf den düsteren Waldweg. Hier tropft es von jedem Ast, von jedem Blatt und selbst die Bäume sehen traurig aus. Im Gehen sinniere ich vor mich hin. Wieso bin ich nur auf die dämliche Idee gekommen, ausgerechnet hier Urlaub zu machen. Das ist ja wieder typisch. Kaum bin ich da, regnet es in Strömen. Was will ich eigentlich in diesem kleinen Kaff mit seinen spießigen Einwohnern und was will ich auf einem Campingplatz?

Ich wollte einmal die Welt erobern, wollte alle großen Städte sehen, jeden Tag Action haben und mich niemals langweilen. Wollte von der Golden Gate Bridge spucken, sehen, wie der Sonnenuntergang den Ayers Rock blutrot färbt, wie Marilyn im gelben Regenmäntelchen unter den Niagarafällen posieren, und wie in einem Agatha Cristie Roman stilgerecht auf dem Nil kreuzen. Die große weite Welt erobern und dort mein Glück suchen. Und jetzt sitze ich im Harz in einem verdammten Regenloch!

Wir sind an einem kleinen, verschwiegenen See, mitten im Wald angekommen. Ganz in

178

Gedanken habe ich einen unbekannten Weg eingeschlagen, hier war ich noch nie. Wie friedlich es ist. Eine kleine Holzbrücke führt über das Wasser. Ich bleibe mitten auf der Brücke stehen, lehne mich an das Geländer und versinke weiter im Selbstmitleid. Ich wollte die Welt sehen, jeden Tag Action haben – das ist Lebensqualität!

Plötzlich geschehen mehrere Dinge auf einmal: Die Wolkendecke reißt auf und ein glitzernder Sonnenstrahl lässt das Wasser silbern glänzen. Gleichzeitig spiegeln sich die umliegenden Bäume darin, bewegen sich sanft in den kleinen Gluckerwellen, die auf dem See schaukeln. Ein dicker Karpfen steckt sein rundes Kussmaul aus dem Wasser, er scheint mir zuzuzwinkern und eine Entenmama kommt mit ihren puscheligen Küken unter der Brücke hervor. Die Kleinen scheinen die ersten Schwimmversuche zu machen und bemühen sich ganz dicht bei der Mutter zu bleiben, purzeln fast übereinander. Unwillkürlich muss ich lächeln, schaue erst auf das Schauspiel und dann fällt mein Blick auf die Dackelgang. Die Zwei sitzen nah zusammen, schauen zu mir hoch und lächeln mich an, jedenfalls sieht es so aus.

Und plötzlich weiß ich, dass ich alles richtig gemacht habe. Sicher ist es aufregend und toll, die große, weite Welt zu sehen, aber das hier ist meine kleine, heile Welt, mein Ruhepunkt im manchmal so hektischen und aufreibenden

179

Alltag – und das ist mein ganz persönliches Glück!

Nachtrag:
Von der Golden Gate habe ich noch nicht ge-spuckt, doch alles Andere schon ausprobiert. Trotzdem schließe ich mich Dorothy an, wenn sie sagt: „Am Schönsten ist es doch daheim."

...und rote Schuhe habe ich auch...

Angie Pfeiffer

Angie Pfeiffer, 1955 in Gelsenkirchen geboren, ist zum zweiten Mal verheiratet und lebt heute mit ihrem Mann im Münsterland. Sie schreibt Unterhaltungsliteratur in Form von Romanen und Kurzgeschichten für Erwachsene sowie Kinderbücher. Sie hat bisher 9 Romane, 15 eBooks und zahlreiche Kurzgeschichten in Anthologien, Literaturzeitschriften und der Tagespresse veröffentlicht.

Home: angie-pfeiffer.com

<u>Romane:</u>

Ruhrpottklüngel
Kindheit und Jugend im Herzen des
Ruhrgebiets

Ruhrpottliebe
Leben und lieben zwischen Emscher
und Rhein-Herne-Kanal

Ruhrpottherzen
ein Roman über Macker und Tussis,
Döppken und Blagen, Hallas und Halli-
galli, Fissematenten, Sperenzkesund ein
ganz schönes Schlamassel.

Ruhrpottabschied
Männersuche per Internet

Liebesbriefe
Briefe für ganz besondere Menschen

@Mail Verkehr
Eine humorvolle Liebesgeschichte in E-
Mail Form

Relativ verliebt - Liebe online
Liebe per Internet

Wie lange ist für immer?
Kurzgeschichten
30 Kurzgeschichten rund um das Ver -
und Entlieben.

Dackel Murphys Abenteuer
Ein Roman für große und kleine Tier-
freunde

Ein Dackel namens Murphy
Ein Roman für Dackelfans, Hundel-
freunde, Katzenliebhaber und tierliebe
Menschen